PRÉFACE

La collection de guides de conversation "Tout ira bien!", publié par T&P Books, est conçue pour les gens qui voyagent par affaire ou par plaisir. Les guides de conversations contiennent le plus important - l'essentiel pour la communication de base. Il s'agit d'une série indispensable de phrases pour survivre à l'étranger.

Ce guide de conversation vous aidera dans la plupart des cas où vous devez demander quelque chose, trouver une direction, découvrir le prix d'un souvenir, etc. Il peut aussi résoudre des situations de communication difficile lorsque la gesticulation n'aide pas.

Ce livre contient beaucoup de phrases qui ont été groupées par thèmes. Vous trouverez aussi un petit dictionnaire de plus de 1500 mots importants et utiles.

Emmenez avec vous un guide de conversation "Tout ira bien!" sur la route et vous aurez un compagnon de voyage irremplaçable qui vous aidera à vous sortir de toutes les situations et vous enseignera à ne pas avoir peur de parler aux étrangers.

TABLE DES MATIÈRES

T&P Books Publishing

T&P Books Publishing

GUIDE DE CONVERSATION
– AFRIKAANS –

LES PHRASES LES PLUS UTILES

Ce guide de conversation contient les phrases et les questions les plus communes et nécessaires pour communiquer avec des étrangers

Par Andrey Taranov

T&P BOOKS

Guide de conversation + dictionnaire de 1500 mots

Guide de conversation Français-Afrikaans et dictionnaire concis de 1500 mots

Par Andrey Taranov

La collection de guides de conversation "Tout ira bien!", publiée par T&P Books, est conçue pour les gens qui voyagent par affaire ou par plaisir. Les guides contiennent l'essentiel pour la communication de base. Il s'agit d'une série indispensable de phrases pour "survivre" à l'étranger.

Une autre section du livre contient un petit dictionnaire de plus de 1500 mots les plus utilisés. Le dictionnaire inclut beaucoup de termes gastronomiques et peut être utile lorsque vous faites le marché ou commandez des plats au restaurant.

T&P Books Publishing
www.tpbooks.com

ISBN: 978-1-78716-578-6

Ce livre existe également en format électronique.
Pour plus d'informations, veuillez consulter notre site: www.tpbooks.com
ou rendez-vous sur ceux des grandes librairies en ligne.

PRONONCIATION

Alphabet phonétique T&P	Exemple en afrikaans	Exemple en français
[a]	land	classe
[ã]	straat	camarade
[æ]	hout	maire
[o], [ɔ]	Australië	normal
[e]	metaal	équipe
[ɛ]	aanlê	faire
[ə]	filter	record
[ɪ]	uur	capital
[i]	billik	stylo
[ï]	naïef	liste
[o]	koppie	normal
[ø]	akteur	peu profond
[œ]	fluit	neuf
[u]	hulle	boulevard
[ʊ]	hout	groupe
[b]	bakker	bureau
[d]	donder	document
[f]	navraag	formule
[g]	burger	gris
[h]	driehoek	[h] aspiré
[j]	byvoeg	maillot
[k]	kamera	bocal
[l]	loon	vélo
[m]	môre	minéral
[n]	neef	ananas
[p]	pyp	panama
[r]	rigting	racine, rouge
[s]	oplos	syndicat
[t]	lood, tenk	tennis
[v]	bewaar	rivière
[w]	oorwinnaar	iguane
[z]	zoem	gazeuse
[dʒ]	enjin	adjoint
[ʃ]	artisjok	chariot
[ŋ]	kans	parking

Alphabet phonétique T&P	Exemple en afrikaans	Exemple en français
[ʧ]	tjek	match
[ʒ]	beige	jeunesse
[x]	agent	scots - nicht, allemand - Dach

LISTE DES ABRÉVIATIONS

Abréviations en français

adj	-	adjective
adv	-	adverbe
anim.	-	animé
conj	-	conjonction
dénombr.	-	dénombrable
etc.	-	et cetera
f	-	nom féminin
f pl	-	féminin pluriel
fam.	-	familiar
fem.	-	féminin
form.	-	formal
inanim.	-	inanimé
indénombr.	-	indénombrable
m	-	nom masculin
m pl	-	masculin pluriel
m, f	-	masculin, féminin
masc.	-	masculin
math	-	mathematics
mil.	-	militaire
pl	-	pluriel
prep	-	préposition
pron	-	pronom
qch	-	quelque chose
qn	-	quelqu'un
sing.	-	singulier
v aux	-	verbe auxiliaire
v imp	-	verbe impersonnel
vi	-	verbe intransitif
vi, vt	-	verbe intransitif, transitif
vp	-	verbe pronominal
vt	-	verbe transitif

T&P BOOKS

GUIDE DE CONVERSATION AFRIKAANS

Cette section contient
des phrases importantes
qui peuvent être utiles dans
des situations courantes.
Le guide vous aidera
à demander des directions,
clarifier le prix, acheter
des billets et commander
des plats au restaurant

T&P Books Publishing

CONTENU DU GUIDE DE CONVERSATION

T&P Books Publishing

Excusez-moi, ...	**Verskoon my, ...** [ferskoən maj, ...]
Bonjour	**Hallo.** [hallo.]
Merci	**Baie dankie.** [baje danki.]
Au revoir	**Totsiens.** [totsiŋs.]
Oui	**Ja.** [ja.]
Non	**Nee.** [neə.]
Je ne sais pas.	**Ek weet nie.** [ɛk veət ni.]
Où?	Où?	Quand?	**Waar?	Waarheen?	Wanneer?** [vǎr?	vǎrheən?	vanneər?]

J'ai besoin de ...	**Ek het ... nodig** [ɛk het ... nodəχ]
Je veux ...	**Ek wil ...** [ɛk vil ...]
Avez-vous ... ?	**Het u ...?** [het u ...?]
Est-ce qu'il y a ... ici?	**Is hier 'n ...?** [is hir ə ...?]
Puis-je ... ?	**Mag ek ...?** [maχ ek ...?]
s'il vous plaît (pour une demande)	**... asseblief** [... asseblif]

Je cherche ...	**Ek soek ...** [ɛk suk ...]
les toilettes	**toilet** [tojlet]
un distributeur	**OTM** [o·te·em]
une pharmacie	**apteek** [apteək]
l'hôpital	**hospitaal** [hospitǎl]
le commissariat de police	**polisiekantoor** [polisi·kantoər]
une station de métro	**moltrein** [moltræjn]

un taxi	**taxi** [taksi]
la gare	**stasie** [stasi]

Je m'appelle ...	**My naam is ...** [maj nãm is ...]
Comment vous appelez-vous?	**Wat is u naam?** [vat is u nãm?]
Aidez-moi, s'il vous plaît.	**Kan u my help, asseblief?** [kan u maj hɛlp, asseblif?]
J'ai un problème.	**Ek het 'n probleem.** [ɛk het ə probleəm.]
Je ne me sens pas bien.	**Ek voel nie lekker nie.** [ɛk ful ni lɛkkər ni.]
Appelez une ambulance!	**Bel 'n ambulans!** [bel ə ambulaŋs!]
Puis-je faire un appel?	**Kan ek 'n oproep maak?** [kan ɛk ə oprup mãk?]

Excusez-moi.	**Jammer.** [jammər.]
Je vous en prie.	**Plesier.** [plesir.]

je, moi	**Ek, my** [ek, maj]
tu, toi	**jy** [jaj]
il	**hy** [haj]
elle	**sy** [saj]
ils	**hulle** [hullə]
elles	**hulle** [hullə]
nous	**ons** [ɔŋs]
vous	**julle** [jullə]
Vous	**u** [u]

ENTRÉE	**INGANG** [inχaŋ]
SORTIE	**UITGANG** [œitχaŋ]
HORS SERVICE | EN PANNE	**BUITE WERKING** [bœitə verkiŋ]
FERMÉ	**GESLUIT** [χeslœit]

OUVERT	**OOP**
	[oəp]
POUR LES FEMMES	**DAMES**
	[dames]
POUR LES HOMMES	**MANS**
	[maŋs]

Questions

Où? (lieu)	**Waar?** [vār?]
Où? (direction)	**Waarheen?** [vārheen?]
D'où?	**Van waar?** [fan vār?]
Pourquoi?	**Waar?** [vār?]
Pour quelle raison?	**Waarom?** [vārom?]
Quand?	**Wanneer?** [vanneer?]
Combien de temps?	**Hoe lank?** [hu lank?]
À quelle heure?	**Hoe laat?** [hu lāt?]
C'est combien?	**Hoeveel?** [hufeel?]
Avez-vous … ?	**Het u …?** [het u …?]
Où est …, s'il vous plaît?	**Waar is …?** [vār is …?]
Quelle heure est-il?	**Hoe laat is dit?** [hu lāt is dit?]
Puis-je faire un appel?	**Kan ek 'n oproep maak?** [kan ɛk ə oprup māk?]
Qui est là?	**Wie is daar?** [vi is dār?]
Puis-je fumer ici?	**Mag ek hier rook?** [maχ ek hir roek?]
Puis-je …?	**Mag ek …?** [maχ ek …?]

Besoins

Je voudrais ...	**Ek sou graag ...** [ɛk sæʊ χrãχ ...]
Je ne veux pas ...	**Ek wil nie ...** [ɛk vil ni ...]
J'ai soif.	**Ek is dors.** [ɛk is dors.]
Je veux dormir.	**Ek wil slaap.** [ɛk vil slãp.]
Je veux ...	**Ek wil ...** [ɛk vil ...]
me laver	**was** [vas]
brosser mes dents	**my tande borsel** [maj tandə borsəl]
me reposer un instant	**bietjie rus** [biki rus]
changer de vêtements	**ander klere aantrek** [andər klerə ãntrek]
retourner à l'hôtel	**teruggaan hotel toe** [teruχχãn hotəl tu]
acheter ...	**... koop** [... koəp]
aller à ...	**gaan na ...** [χãn na ...]
visiter ...	**besoek ...** [besuk ...]
rencontrer ...	**ontmoet ...** [ontmut ...]
faire un appel	**bel** [bəl]
Je suis fatigué /fatiguée/	**Ek is moeg.** [ɛk is muχ.]
Nous sommes fatigués /fatiguées/	**Ons is moeg.** [ɔŋs is muχ.]
J'ai froid.	**Ek kry koud.** [ɛk kraj kæʊt.]
J'ai chaud.	**Ek kry warm.** [ɛk kraj varm.]
Je suis bien.	**Ek is OK.** [ɛk is okej.]

Il me faut faire un appel.	**Ek moet 'n oproep maak.** [ɛk mut ə oprup mãk.]
J'ai besoin d'aller aux toilettes.	**Ek moet toilet toe gaan.** [ɛk mut toilet tu χãn.]
Il faut que j'aille.	**Ek moet loop.** [ɛk mut loəp.]
Je dois partir maintenant.	**Ek moet nou loop.** [ɛk mut næʊ loəp.]

Comment demander la direction

Excusez-moi, ...	**Verskoon tog, ...** [ferskoən toχ, ...]
Où est ..., s'il vous plaît?	**Waar is ...?** [vãr is ...?]
Dans quelle direction est ... ?	**In watter rigting is ...?** [in vattər riχtiŋ is ...?]
Pouvez-vous m'aider, s'il vous plaît ?	**Kan u my help, asseblief?** [kan u maj hɛlp, asseblif?]
Je cherche ...	**Ek soek ...** [ɛk suk ...]
La sortie, s'il vous plaît?	**Waar is die uitgang?** [vãr is di œitχaŋ?]
Je vais à ...	**Ek gaan na ...** [ɛk χãn na ...]
C'est la bonne direction pour ...?	**Is dit die regte pad na ...?** [is dit di reχtə pat na ...?]
C'est loin?	**Is dit ver?** [is dit fer?]
Est-ce que je peux y aller à pied?	**Kan ek te voet soontoe gaan?** [kan ɛk tə fut soentu χãn?]
Pouvez-vous me le montrer sur la carte?	**Kan u dit op die kaart aanwys?** [kan u dit op di kãrt ãnwajs?]
Montrez-moi où sommes-nous, s'il vous plaît.	**Kan u my aanwys waar ons nou is?** [kan u maj ãnwajs vãr ɔŋs næʊ is?]
Ici	**Hier** [hir]
Là-bas	**Daar** [dãr]
Par ici	**Hiernatoe** [hirnatu]
Tournez à droite.	**Draai regs.** [drãj reχs.]
Tournez à gauche.	**Draai links.** [drãj links.]
Prenez la première (deuxième, troisième) rue.	**eerste (tweede, derde) draai** [eərstə (tweədə, derdə) drãi]

à droite	**na regs** [na reχs]
à gauche	**na links** [na links]
Continuez tout droit.	**Gaan reguit vorentoe.** [χãn reχœit forentu.]

Affiches, Pancartes

BIENVENUE!	**WELKOM!** [vɛlkom!]
ENTRÉE	**INGANG** [inχaŋ]
SORTIE	**UITGANG** [œitχaŋ]

POUSSEZ	**STOOT** [stoət]
TIREZ	**TREK** [trek]
OUVERT	**OOP** [oəp]
FERMÉ	**GESLUIT** [χeslœit]

POUR LES FEMMES	**DAMES** [dames]
POUR LES HOMMES	**MANS (M)** [maŋs]
MESSIEURS (m)	**MANS (M)** [maŋs]
FEMMES (f)	**DAMES (V)** [dames]

RABAIS | SOLDES	**AFSLAG** [afslaχ]
PROMOTION	**UITVERKOPING** [œitferkopiŋ]
GRATUIT	**GRATIS** [χratis]
NOUVEAU!	**NUUT!** [nɪt!]
ATTENTION!	**PAS OP!** [pas op!]

COMPLET	**KAMERS BESET** [kamers beset]
RÉSERVÉ	**BESPREEK** [bespreək]
ADMINISTRATION	**ADMINISTRASIE** [administrasi]
PERSONNEL SEULEMENT	**SLEGS PERSONEEL** [sleχs personeəl]

ATTENTION AU CHIEN!

NE PAS FUMER!

NE PAS TOUCHER!

DANGEREUX

DANGER

HAUTE TENSION

BAIGNADE INTERDITE!

HORS SERVICE | EN PANNE

INFLAMMABLE

INTERDIT

ENTRÉE INTERDITE!

PEINTURE FRAÎCHE

FERMÉ POUR TRAVAUX

TRAVAUX EN COURS

DÉVIATION

PAS OP VIR DIE HOND
[pas op fir di hont]
ROOK VERBODE!
[roǝk ferbodǝ!]
NIE AANRAAK NIE!
[ni ānrāk ni!]
GEVAARLIK
[χefārlik]
GEVAAR
[χefār]
HOOGSPANNING
[hoǝχ·spanniŋ]
SWEM VERBODE!
[swem ferbodǝ!]

BUITE GEBRUIK
[bœitǝ χebrœik]
BRANDBAAR
[brantbār]
VERBODE
[ferbodǝ]
TOEGANG VERBODE!
[tuχaŋ ferbodǝ!]
NAT VERF
[nat ferf]

GESLUIT VIR HERSTELWERK
[χeslœit fir herstǝl·werk]
PADWERKE
[padwerkǝ]
OMPAD
[ompat]

Transport - Phrases générales

avion	**vliegtuig** [fliχtœiχ]
train	**trein** [træjn]
bus, autobus	**bus** [bus]
ferry	**veerboot** [feər·boət]
taxi	**taxi** [taksi]
voiture	**motor** [motor]

horaire	**diensrooster** [diŋs·roəstər]
Où puis-je voir l'horaire?	**Waar is die diensrooster?** [vãr is di diŋs·roəster?]
jours ouvrables	**werksdae** [verksdaə]
jours non ouvrables	**naweke** [navekə]
jours fériés	**vakansies** [fakaŋsis]

DÉPART	**VERTREK** [fertrek]
ARRIVÉE	**AANKOMS** [ãnkoms]
RETARDÉE	**VERTRAAG** [fertrãχ]
ANNULÉE	**GEKANSELLEER** [χekaŋsɛlleər]

prochain (train, etc.)	**volgende** [folχendə]
premier	**eerste** [eərstə]
dernier	**laaste** [lãstə]

À quelle heure est le prochain …?	**Wanneer vertrek die volgende …?** [vanneər fertrek di folχendə …?]
À quelle heure est le premier …?	**Wanneer vertrek die eerste …?** [vanneər fertrek di eərstə …?]

À quelle heure est le dernier ...? **Wanneer vertrek die laaste ...?**
[vanneer fertrek di lāstə ...?]

correspondance **aansluiting**
[āŋslœitiŋ]

prendre la correspondance **oorstap**
[oərstap]

Dois-je prendre la correspondance? **Moet ek oorstap?**
[mut ek oərstap?]

Acheter un billet

Où puis-je acheter des billets?	**Waar kan ek kaartjies koop?** [vãr kan ɛk kãrkis koəp?]
billet	**kaartjie** [kãrki]
acheter un billet	**'n kaartjie koop** [ə kãrki koəp]
le prix d'un billet	**kaartjie se prys** [kãrki sə prajs]
Pour aller où?	**Waarheen?** [vãrheən?]
Quelle destination?	**Na watter stasie?** [na vattər stasi?]
Je voudrais ...	**Ek het ... nodig** [ɛk het ... nodəχ]
un billet	**'n kaartjie** [ə kãrki]
deux billets	**twee kaartjies** [tweə kãrkis]
trois billets	**drie kaartjies** [dri kãrkis]
aller simple	**enkel** [ɛnkəl]
aller-retour	**retoer** [retur]
première classe	**eerste klas** [eərstə klas]
classe économique	**tweede klas** [tweədə klas]
aujourd'hui	**vandag** [fandaχ]
demain	**môre** [mɔrə]
après-demain	**oormôre** [oərmɔrə]
dans la matinée	**soggens** [soχɛŋs]
l'après-midi	**smiddags** [smiddaχs]
dans la soirée	**saans** [sãŋs]

siège côté couloir	**sitplek langs die paadjie** [sitplek laŋs di pādʒi]
siège côté fenêtre	**venstersitplek** [fɛŋstər·sitplek]
C'est combien?	**Hoeveel?** [hufeəl?]
Puis-je payer avec la carte?	**Kan ek met 'n kredietkaart betaal?** [kan ɛk met ə kreditkārt betāl?]

L'autobus

bus, autobus	**bus** [bus]
autocar	**interstedelike bus** [interstedelikə bus]

arrêt d'autobus	**bushalte** [bus·haltə]
Où est l'arrêt d'autobus le plus proche?	**Waar is die naaste bushalte?** [vār is di nāstə bus·haltə?]

numéro	**nommer** [nommər]
Quel bus dois-je prendre pour aller à …?	**Watter bus moet ek neem om na … te gaan?** [vattər bus mut ɛk neəm om na … tə χān?]
Est-ce que ce bus va à …?	**Gaan hierdie bus na …?** [χān hirdi bus na …?]
L'autobus passe tous les combien?	**Hoe gereëld ry die busse?** [hu χereɛlt raj di bussə?]

chaque quart d'heure	**elke 15 minute** [ɛlkə fajftin minutə]
chaque demi-heure	**elke half uur** [ɛlkə half ɪr]
chaque heure	**elke uur** [ɛlkə ɪr]
plusieurs fois par jour	**verskillende kere per dag** [ferskillendə kerə pər daχ]
… fois par jour	**… kere per dag** [… kerə pər daχ]

horaire	**diensrooster** [diŋs·roəstər]
Où puis-je voir l'horaire?	**Waar is die diensrooster?** [vār is di diŋs·roəstər?]

À quelle heure passe le prochain bus?	**Wanneer vertrek die volgende bus?** [vanneər fertrek di folχendə bus?]
À quelle heure passe le premier bus?	**Wanneer vertrek die eerste bus?** [vanneər fertrek di eərstə bus?]
À quelle heure passe le dernier bus?	**Wanneer vertrek die laaste bus?** [vanneər fertrek di lāstə bus?]

arrêt	**halte** [haltə]
prochain arrêt	**volgende halte** [folχendə haltə]
terminus	**eindpunt** [æjnd·punt]
Pouvez-vous arrêter ici, s'il vous plaît.	**Stop hier, asseblief.** [stop hir, asseblif.]
Excusez-moi, c'est mon arrêt.	**Verskoon my, dis my halte.** [ferskoən maj, dis maj halte.]

Train

train	**trein** [træjn]
train de banlieue	**voorstedelike trein** [foərstedelikə træjn]
train de grande ligne	**langafstand trein** [lanχ·afstant træjn]
la gare	**stasie** [stasi]
Excusez-moi, où est la sortie vers les quais?	**Verskoon my, waar is die uitgang na** **die perron?** [ferskoən maj, vãr is di œitχaŋ na di perron?]

Est-ce que ce train va à ...?	**Gaan hierdie trein na ...?** [χãn hirdi træjn na ...?]
le prochain train	**volgende trein** [folχendə træjn]
À quelle heure est le prochain train?	**Wanneer vertrek die volgende trein?** [vanneər fertrek di folχendə træjn?]
Où puis-je voir l'horaire?	**Waar is die diensrooster?** [vãr is di diŋs·roəster?]
De quel quai?	**Van watter perron?** [fan vattər perron?]
À quelle heure arrive le train à ...?	**Wanneer kom die trein aan in ...?** [vanneər kom di træjn ãn in ...?]

Pouvez-vous m'aider, s'il vous plaît?	**Help my, asseblief.** [hɛlp maj, asseblif.]
Je cherche ma place.	**Ek soek my sitplek.** [ɛk suk maj sitplek.]
Nous cherchons nos places.	**Ons soek ons sitplek.** [ɔŋs suk ɔŋs sitplek.]
Ma place est occupée.	**My sitplek is beset.** [maj sitplek is beset.]
Nos places sont occupées.	**Ons sitplekke is beset.** [ɔŋs sitplekkə is beset.]

Excusez-moi, mais c'est ma place.	**Jammer, dis my sitplek.** [jammər, dis maj sitplek.]
Est-ce que cette place est libre?	**Is hierdie sitplek beset?** [is hirdi sitplek beset?]
Puis-je m'asseoir ici?	**Kan ek hier sit?** [kan ek hir sit?]

Sur le train - Dialogue (Pas de billet)

Votre billet, s'il vous plaît.

Kaartjie, asseblief.
[kãrki, asseblif.]

Je n'ai pas de billet.

Ek het nie 'n kaartjie nie.
[ɛk het ni ə kãrki ni.]

J'ai perdu mon billet.

Ek het my kaartjie verloor.
[ɛk het maj kãrki ferloər.]

J'ai oublié mon billet à la maison.

Ek het my kaartjie by die huis vergeet.
[ɛk het maj kãrki baj di hœis ferχeet.]

Vous pouvez m'acheter un billet.

U kan 'n kaartjie van my koop.
[u kan ə kãrki fan maj koəp.]

Vous devrez aussi payer une amende.

U moet 'n boete betaal.
[u mut ə butə betãl.]

D'accord.

Oukei.
[æʋkæj.]

Où allez-vous?

Waarheen gaan u?
[vãrheən χãn u?]

Je vais à ...

Ek gaan na ...
[ɛk χãn na ...]

Combien? Je ne comprend pas.

Hoeveel kos dit? Ek verstaan dit nie.
[hufeəl kos dit? ek ferstãn dit ni.]

Pouvez-vous l'écrire, s'il vous plaît.

Skryf dit neer, asseblief.
[skrajf dit neər, asseblif.]

D'accord. Puis-je payer avec la carte?

OK. Kan ek met 'n kredietkaart betaal?
[okej. kan ɛk met ə kreditkãrt betãl?]

Oui, bien sûr.

Ja, dit kan.
[ja, dit kan.]

Voici votre reçu.

Hier is u ontvangsbewys.
[hir is u ontfaŋs·bevajs.]

Désolé pour l'amende.

Jammer vir die boete.
[jammər fir di bute.]

Ça va. C'est de ma faute.

Dis oukei. Dit was my skuld.
[dis æʋkæj. dit vas maj skult.]

Bon voyage.

Geniet u reis.
[χenit u ræjs.]

Taxi

taxi	**taxi** [taksi]
chauffeur de taxi	**taxibestuurder** [taksi·bestɪrdər]
prendre un taxi	**'n taxi neem** [ə taksi neəm]
arrêt de taxi	**taxistaanplek** [taksi·stãnplek]
Où puis-je trouver un taxi?	**Waar kan ek 'n taxi neem?** [vãr kan ɛk ə taksi neəm?]
appeler un taxi	**'n taxi bel** [ə taksi bəl]
Il me faut un taxi.	**Ek het 'n taxi nodig.** [ɛk het ə taksi nodəχ.]
maintenant	**Nou onmiddellik.** [næʊ onmiddɛllik.]
Quelle est votre adresse?	**Wat is u adres?** [vat is u adres?]
Mon adresse est …	**My adres is …** [maj adres is …]
Votre destination?	**U bestemming?** [u bestɛmmiŋ?]
Excusez-moi, …	**Verskoon tog, …** [ferskoən toχ, …]
Vous êtes libre ?	**Is u vry?** [is u fraj?]
Combien ça coûte pour aller à …?	**Hoeveel kos dit na …?** [hufeəl kos dit na …?]
Vous savez où ça se trouve?	**Weet u waar dit is?** [veət u vãr dit is?]
À l'aéroport, s'il vous plaît.	**Lughawe, asseblief** [luχhavə, asseblif]
Arrêtez ici, s'il vous plaît.	**Stop hier, asseblief.** [stop hir, asseblif.]
Ce n'est pas ici.	**Dis nie hier nie.** [dis ni hir ni.]
C'est la mauvaise adresse.	**Dis die verkeerde adres.** [dis di ferkeərdə adres.]

tournez à gauche	**Draai links.** [drāj links.]
tournez à droite	**Draai regs.** [drāj reχs.]

Combien je vous dois?	**Wat skuld ek u?** [vat skult ek u?]
J'aimerais avoir un reçu, s'il vous plaît.	**Kan ek 'n ontvangsbewys kry, asseblief?** [kan ek ə ontfaŋs·bevajs kraj, asseblif?]
Gardez la monnaie.	**Hou die kleingeld.** [hæʋ di klæjŋ·χɛlt.]

Attendez-moi, s'il vous plaît ...	**Sal u vir my wag, asseblief?** [sal u fir maj vaχ, asseblif?]
cinq minutes	**vyf minute** [fajf minutə]
dix minutes	**tien minute** [tin minutə]
quinze minutes	**vyftien minute** [fajftin minutə]
vingt minutes	**twintig minute** [twintəχ minutə]
une demi-heure	**'n halfuur** [ə halfɪr]

Hôtel

Bonjour.	**Hallo.** [hallo.]
Je m'appelle …	**My naam is …** [maj nãm is …]
J'ai réservé une chambre.	**Ek het bespreek.** [ɛk het bespreək.]
Je voudrais …	**Ek het … nodig** [ɛk het … nodəχ]
une chambre simple	**'n enkelkamer** [ə ɛnkəl·kamər]
une chambre double	**'n dubbelkamer** [ə dubbəl·kamər]
C'est combien?	**Hoeveel kos dit?** [hufeəl kos dit?]
C'est un peu cher.	**Dis nogal duur.** [dis noχal dɪr.]
Avez-vous autre chose?	**Is daar nie ander moontlikhede nie?** [is dãr ni andər moentlikhedə ni?]
Je vais la prendre.	**Ek vat dit.** [ɛk fat dit.]
Je vais payer comptant.	**Ek betaal kontant.** [ɛk betãl kontant.]
J'ai un problème.	**Ek het 'n probleem.** [ɛk het ə probleəm.]
Mon … est cassé /Ma … est cassée/	**My … is stukkend.** [maj … is stukkent.]
Mon /Ma/ … ne fonctionne pas.	**My … is buite werking.** [maj … is bœeitə verkiŋ.]
télé	**TV** [te·fe]
air conditionné	**lugreëling** [luχreɛliŋ]
robinet	**kraan** [krãn]
douche	**stortbad** [stortbat]
évier	**wasbak** [vasbak]
coffre-fort	**brandkas** [brant·kas]

serrure de porte	**deur se slot** [døer sə slot]
prise électrique	**stopkontak** [stop·kontak]
sèche-cheveux	**haardroër** [hãr·droɛr]

Je n'ai pas …	**Ek het nie …** [ɛk het ni …]
d'eau	**water** [vatər]
de lumière	**lig** [liχ]
d'électricité	**krag** [kraχ]

Pouvez-vous me donner …?	**Kan u vir my … gee?** [kan u fir maj … χeə?]
une serviette	**'n handdoek** [ə handduk]
une couverture	**'n kombers** [ə kombərs]
des pantoufles	**pantoffels** [pantoffəls]
une robe de chambre	**'n kamerjas** [ə kamerjas]
du shampoing	**sjampoe** [ʃampu]
du savon	**seep** [seəp]

Je voudrais changer ma chambre.	**Ek wil van kamer verander.** [ɛk vil van kamər verandər.]
Je ne trouve pas ma clé.	**Ek kan my sleutel nie vind nie.** [ɛk kan maj sløətəl ni fint ni.]
Pourriez-vous ouvrir ma chambre, s'il vous plaît?	**Kan u my kamer oopsluit, asseblief?** [kan u maj kamər oəpslœit, asseblif?]
Qui est là?	**Wie is daar?** [vi is dãr?]
Entrez!	**Kom binne!** [kom binnə!]
Une minute!	**'n Oomblik!** [ə oəmblik!]
Pas maintenant, s'il vous plaît.	**Nie nou nie, asseblief.** [ni næʊ ni, asseblif.]

Pouvez-vous venir à ma chambre, s'il vous plaît.	**Kom na my kamer, asseblief.** [kom na maj kamər, asseblif.]
J'aimerais avoir le service d'étage.	**Kan ek kamerbediening kry.** [kan ɛk kamər·bediniŋ kraj.]
Mon numéro de chambre est le …	**My kamer se nommer is …** [maj kamər sə nommər is …]

Je pars ...	**Ek vertrek ...** [ɛk fertrǝk ...]
Nous partons ...	**Ons vertrek ...** [ɔŋs fertrek ...]
maintenant	**nou dadellik** [næʊ dadɛllik]
cet après-midi	**vanmiddag** [fanmiddaχ]
ce soir	**vanaand** [fanãnt]
demain	**môre** [mɔrǝ]
demain matin	**môreoggend** [mɔrǝ·oχent]
demain après-midi	**môremiddag** [mɔrǝ·middaχ]
après-demain	**oormôre** [oǝrmɔrǝ]

Je voudrais régler mon compte.	**Ek wil betaal.** [ɛk vil betāl.]
Tout était merveilleux.	**Alles was uitstekend.** [alles vas œitstekent.]
Où puis-je trouver un taxi?	**Waar kan ek 'n taxi kry?** [vãr kan ɛk ǝ taksi kraj?]
Pourriez-vous m'appeler un taxi, s'il vous plaît?	**Sal u 'n taxi vir my bestel, asseblief.** [sal u ǝ taksi fir maj bestel, asseblif.]

Restaurant

Puis-je voir le menu, s'il vous plaît?	**Kan ek die spyskaart sien, asseblief?** [kan ɛk di spajskārt sin, asseblif?]
Une table pour une personne.	**'n Tafel vir een persoon.** [ə tafəl fir eən persoən.]
Nous sommes deux (trois, quatre).	**Daar is twee (drie, vier) van ons.** [dār is tweə (dri, fir) fan ɔŋs.]

Fumeurs	**Rook.** [roək.]
Non-fumeurs	**Rook verbode.** [roək ferbodə.]
S'il vous plaît!	**Hallo! Verskoning!** [hallo! ferskoniŋ!]
menu	**spyskaart** [spajskārt]
carte des vins	**wynkaart** [vajn·kārt]
Le menu, s'il vous plaît.	**Die spyskaart, asseblief.** [di spajskārt, asseblif.]

Êtes-vous prêts à commander?	**Is u gereed om te bestel?** [is u ɣereət om tə bestel?]
Qu'allez-vous prendre?	**Wat verkies u?** [vat ferkis u?]
Je vais prendre ...	**Ek wil ... hê** [ɛk vil ... hɛ:]

Je suis végétarien.	**Ek is vegetariër** [ɛk is feχetariɛr]
viande	**vleis** [flæjs]
poisson	**vis** [fis]
légumes	**groente** [χruntə]
Avez-vous des plats végétariens?	**Het u vegetariese geregte?** [het u feχetarisə χereχtə?]
Je ne mange pas de porc.	**Ek eet nie varkvleis nie.** [ɛk eət ni fark·flæjs ni.]
Il /elle/ ne mange pas de viande.	**Hy /sy/ eet nie vleis nie.** [haj /saj/ eət ni flæjs ni.]
Je suis allergique à ...	**Ek is allergies vir ...** [ɛk is allerχis fir ...]

Pourriez-vous m'apporter ...,
s'il vous plaît.

Bring vir my ..., asseblief
[briŋ fir maj ..., asseblif]

le sel | le poivre | du sucre

sout | peper | suiker
[sæʊt | pepər | sœikər]

un café | un thé | un dessert

koffie | tee | nagereg
[kɔffi | teə | naχerəχ]

de l'eau | gazeuse | plate

water | bruisend | plat
[vatər | brœisent | plat]

une cuillère | une fourchette | un couteau

'n lepel | vurk | mes
[ə lepəl | furk | mes]

une assiette | une serviette

'n bord | servet
[ə bort | serfet]

Bon appétit!

Smaaklike ete!
[smãklikə ete!]

Un de plus, s'il vous plaît.

Nog een, asseblief.
[noχ eən, asseblif.]

C'était délicieux.

Dit was heerlik.
[dit vas heərlik.]

---

l'addition | de la monnaie | le pourboire

rekening | wisselgeld | fooitjie
[rekəniŋ | vissəlχɛlt | fojki]

L'addition, s'il vous plaît.

Die rekening, asseblief.
[di rekəniŋ, asseblif.]

Puis-je payer avec la carte?

Kan ek met 'n kredietkaart betaal?
[kan ɛk met ə kreditkãrt betãl?]

Excusez-moi, je crois qu'il y a une
erreur ici.

Jammer, hier is 'n fout.
[jammər, hir is ə fæʊt.]

Shopping. Faire les Magasins

Est-ce que je peux vous aider?

Kan ek help?
[kan ek hɛlp?]

Avez-vous ... ?

Het u ...?
[het u ...?]

Je cherche ...

Ek soek ...
[ɛk suk ...]

Il me faut ...

Ek het ... nodig
[ɛk het ... nodəχ]

Je regarde seulement, merci.

Ek kyk net.
[ɛk kajk net.]

Nous regardons seulement, merci.

Ons kyk net.
[ɔŋs kajk net.]

Je reviendrai plus tard.

Ek kom netnou terug.
[ɛk kom netnæʊ teruχ.]

On reviendra plus tard.

Ons kom netnou terug.
[ɔŋs kom netnæʊ teruχ.]

Rabais | Soldes

afslag | uitverkoping
[afslaχ | œitferkopiŋ]

Montrez-moi, s'il vous plaît ...

Kan u my ... wys, asseblief?
[kan u maj ... vajs, asseblif?]

Donnez-moi, s'il vous plaît ...

Kan u my ... gee, asseblief?
[kan u maj ... χeə, asseblif?]

Est-ce que je peux l'essayer?

Kan ek dit aanpas?
[kan ɛk dit ānpas?]

Excusez-moi, où est la cabine d'essayage?

Verskoon tog, waar is die paskamer?
[ferskoən toχ, vār is di paskamer?]

Quelle couleur aimeriez-vous?

Watter kleur wil u hê?
[vattər kløər vil u hɛ:?]

taille | longueur

maat | lengte
[māt | leŋtə]

Est-ce que la taille convient ?

Pas dit?
[pas dit?]

Combien ça coûte?

Hoeveel kos dit?
[hufeəl kos dit?]

C'est trop cher.

Dis te duur
[dis tə dɪr]

Je vais le prendre.

Ek sal dit vat.
[ɛk sal dit fat.]

Excusez-moi, où est la caisse?

Verskoon tog, waar moet ek betaal?
[ferskoən toχ, vār mut ek betāl?]

Payerez-vous comptant ou par carte de crédit?	**Betaal u kontant of met 'n kredietkaart?** [betal u kontant of met ə kreditkärt?]
Comptant	par carte de crédit	**kontant	met 'n kredietkaart** [kontant	met ə kreditkärt]

Voulez-vous un reçu?	**Wil u 'n ontvangsbewys?** [vil u ə ontfaŋsbevajs?]
Oui, s'il vous plaît.	**Ja, asseblief.** [ja, asseblif.]
Non, ce n'est pas nécessaire.	**Nee, dis nie nodig nie.** [neə, dis ni nodəχ ni.]
Merci. Bonne journée!	**Dankie. Geniet die res van die dag!** [danki. χenit di res fan di daχ!]

En ville

Excusez-moi, ...	**Verskoon tog, asseblief.** [ferskoən toχ, asseblif.]
Je cherche ...	**Ek soek ...** [εk suk ...]

le métro	**die moltrein** [di moltræjn]
mon hôtel	**my hotel** [maj hotəl]
le cinéma	**die bioskoop** [di bioskoəp]
un arrêt de taxi	**'n taxistaanplek** [ə taksi·stānplek]

un distributeur	**'n OTM** [ə o·te·em]
un bureau de change	**'n wisselkantoor** [ə vissəl·kantoər]
un café internet	**'n internetkafee** [ə internet·kafeə]

la rue ...	**... straat** [... strāt]
cette place-ci	**hierdie plek** [hirdi plek]

Savez-vous où se trouve ...?	**Weet u waar ... is?** [veet u vār ... is?]
Quelle est cette rue?	**Watter straat is dit?** [vatter strāt is dit?]
Montrez-moi où sommes-nous, s'il vous plaît.	**Kan u my aanwys waar ons nou is?** [kan u maj ānwajs vār ɔŋs næʊ is?]

Est-ce que je peux y aller à pied?	**Kan ek soontoe stap?** [kan ek soentu stap?]
Avez-vous une carte de la ville?	**Het u 'n kaart van die stad?** [het u ə kārt fan di stat?]

C'est combien pour un ticket?	**Hoeveel kos 'n toegangskaartjie?** [hufeəl kos ə tuχaŋs·kārki?]
Est-ce que je peux faire des photos?	**Kan ek hier foto's maak?** [kan εk hir fotos māk?]
Êtes-vous ouvert?	**Is u oop?** [is u oəp?]

À quelle heure ouvrez-vous?

À quelle heure fermez-vous?

Hoe laat gaan u oop?
[hu lãt χãn u oəp?]

Hoe laat sluit u?
[hu lãt slœit u?]

L'argent

argent	**geld** [χɛlt]
argent liquide	**kontant** [kontant]
des billets	**bankbiljette** [bank·biljɛttə]
petite monnaie	**kleingeld** [klæjn·χɛlt]
l'addition | de la monnaie | le pourboire	**rekening | wisselgeld | fooitjie** [rekəniŋ | vissəlχɛlt | fojki]

carte de crédit	**kredietkaart** [kreditkārt]
portefeuille	**beursie** [bøərsi]
acheter	**koop** [koəp]
payer	**betaal** [betāl]
amende	**boete** [butə]
gratuit	**gratis** [χratis]

Où puis-je acheter … ?	**Waar kan ek … koop?** [vār kan ɛk … koəp?]
Est-ce que la banque est ouverte en ce moment?	**Is die bank nou oop?** [is di bank næʊ oəp?]
À quelle heure ouvre-t-elle?	**Wanneer maak dit oop?** [vanneər māk dit oəp?]
À quelle heure ferme-t-elle?	**Wanneer maak dit toe?** [vanneər māk dit tu?]

C'est combien?	**Hoeveel?** [hufeəl?]
Combien ça coûte?	**Hoeveel kos dit?** [hufeəl kos dit?]
C'est trop cher.	**Dis te duur.** [dis tə dɪr.]

Excusez-moi, où est la caisse?	**Verskoon tog, waar moet ek betaal?** [ferskoən toχ, vār mut ek betāl?]
L'addition, s'il vous plaît.	**Die rekening, asseblief.** [di rekəniŋ, asseblif.]

Puis-je payer avec la carte?

Kan ek met 'n kredietkaart betaal?
[kan ɛk met ə kreditkārt betāl?]

Est-ce qu'il y a un distributeur ici?

Verskoon tog, is hier 'n OTM?
[ferskoən toχ, is hir ə o·te·em?]

Je cherche un distributeur.

Ek soek 'n OTM.
[ɛk suk ə o·te·em.]

Je cherche un bureau de change.

Ek soek 'n wisselkantoor.
[ɛk suk ə vissəl·kantoər.]

Je voudrais changer ...

Ek sou ... wou wissel.
[ɛk sæʊ ... væʊ vissəl.]

Quel est le taux de change?

Wat is die wisselkoers?
[vat is di vissəlkurs?]

Avez-vous besoin de mon passeport?

Het u my paspoort nodig?
[het u maj paspoərt nodəχ?]

Le temps

Quelle heure est-il?	**Hoe laat is dit?** [hu lāt is dit?]
Quand?	**Wanneer?** [vanneər?]
À quelle heure?	**Hoe laat?** [hu lāt?]
maintenant | plus tard | après ...	**nou | later | na ...** [næʊ | latər | na ...]
une heure	**een uur** [eən ɪr]
une heure et quart	**kwart oor een** [kwart oər eən]
une heure et demie	**half twee** [half tweə]
deux heures moins quart	**kwart voor twee** [kwart foər tweə]
un | deux | trois	**een | twee | drie** [eən | tweə | dri]
quatre | cinq | six	**vier | vyf | ses** [fir | fajf | ses]
sept | huit | neuf	**sewe | ag | nege** [sewə | aχ | neχə]
dix | onze | douze	**tien | elf | twaalf** [tin | ɛlf | twālf]
dans ...	**binne ...** [binnə ...]
cinq minutes	**vyf minute** [fajf minutə]
dix minutes	**tien minute** [tin minutə]
quinze minutes	**vyftien minute** [fajftin minutə]
vingt minutes	**twintig minute** [twintəχ minutə]
une demi-heure	**'n halfuur** [ə halfɪr]
une heure	**'n uur** [ə ɪr]

dans la matinée	**soggens** [soχɛŋs]
tôt le matin	**soggens vroeg** [soχɛŋs fruχ]
ce matin	**vanoggend** [fanoχent]
demain matin	**môreoggend** [mɔrǝ·oχent]

à midi	**in die middel van die dag** [in di middǝl fan di daχ]
dans l'après-midi	**smiddags** [smiddaχs]
dans la soirée	**saans** [sãŋs]
ce soir	**vanaand** [fanãnt]

la nuit	**saans** [sãŋs]
hier	**gister** [χistǝr]
aujourd'hui	**vandag** [fandaχ]
demain	**môre** [mɔrǝ]
après-demain	**oormôre** [oǝrmɔrǝ]

Quel jour sommes-nous aujourd'hui?	**Watter dag is dit vandag?** [vattǝr daχ is dit fandaχ?]
Nous sommes ...	**Dit is ...** [dit is ...]
lundi	**maandag** [mãndaχ]
mardi	**dinsdag** [dinsdaχ]
mercredi	**woensdag** [voɛŋsdaχ]

jeudi	**Donderdag** [dondǝrdaχ]
vendredi	**vrydag** [frajdaχ]
samedi	**saterdag** [satǝrdaχ]
dimanche	**sondag** [sondaχ]

Salutations - Introductions

Bonjour.	**Hallo.** [hallo.]
Enchanté /Enchantée/	**Aangename kennis.** [ānχənamə kɛnnis.]
Moi aussi.	**Dieselfde.** [disɛlfdə.]
Je voudrais vous présenter ...	**Kan ek jou voorstel aan ...** [kan ɛk jæʊ foərstəl ān ...]
Ravi /Ravie/ de vous rencontrer.	**Aangename kennis.** [ānχənamə kɛnnis.]
Comment allez-vous?	**Hoe gaan dit?** [hu χān dit?]
Je m'appelle ...	**My naam is ...** [maj nām is ...]
Il s'appelle ...	**Dis ...** [dis ...]
Elle s'appelle ...	**Dis ...** [dis ...]
Comment vous appelez-vous?	**Wat is u naam?** [vat is u nām?]
Quel est son nom?	**Wat is sy naam?** [vat is saj nām?]
Quel est son nom?	**Wat is haar naam?** [vat is hār nām?]
Quel est votre nom de famille?	**Wat is u van?** [vat is u fan?]
Vous pouvez m'appeler ...	**Noem my maar ...** [num maj mār ...]
D'où êtes-vous?	**Vanwaar kom u?** [fanwār kom u?]
Je suis de ...	**Ek kom van ...** [ɛk kom fan ...]
Qu'est-ce que vous faites dans la vie?	**Wat is u beroep?** [vat is u berup?]
Qui est-ce?	**Wie is dit?** [vi is dit?]
Qui est-il?	**Wie is hy?** [vi is haj?]
Qui est-elle?	**Wie is sy?** [vi is saj?]
Qui sont-ils?	**Wie is hulle?** [vi is hullə?]

C'est ...	**Dit is ...** [dit is ...]
mon ami	**my vriend** [maj frint]
mon amie	**my vriendin** [maj frindin]
mon mari	**my man** [maj man]
ma femme	**my vrou** [maj fræʊ]
mon père	**my vader** [maj fadər]
ma mère	**my moeder** [maj mudər]
mon frère	**my broer** [maj brur]
mon fils	**my seun** [maj søən]
ma fille	**my dogter** [maj doχtər]
C'est notre fils.	**Dit is ons seun.** [dit is ɔŋs søən.]
C'est notre fille.	**Dit is ons dogter.** [dit is ɔŋs doχter.]
Ce sont mes enfants.	**Dit is my kinders.** [dit is maj kindərs.]
Ce sont nos enfants.	**Dit is ons kinders.** [dit is ɔŋs kindərs.]

Les adieux

Au revoir!	**Totsiens!** [totsiŋs!]
Salut!	**Koebaai!** [kubãi!]
À demain.	**Sien jou môre.** [sin jæʊ mɔrə.]
À bientôt.	**Totsiens.** [totsiŋs.]
On se revoit à sept heures.	**Sien jou om sewe uur.** [sin jæʊ om sevə ɪr.]

Amusez-vous bien!	**Geniet dit!** [χenit dit!]
On se voit plus tard.	**Gesels later.** [χesɛls latər.]
Bonne fin de semaine.	**Geniet die naweek.** [χenit di naveek.]
Bonne nuit.	**Lekker slaap.** [lɛkkər slãp.]

Il est l'heure que je parte.	**Dis tyd om te gaan.** [dis tajt om tə χãn.]
Je dois m'en aller.	**Ek moet loop.** [ɛk mut loəp.]
Je reviens tout de suite.	**Ek is nounou terug.** [ɛk is næʊnæʊ teruχ.]

Il est tard.	**Dis al laat.** [dis al lãt.]
Je dois me lever tôt.	**Ek moet vroeg opstaan.** [ɛk mut fruχ opstãn.]
Je pars demain.	**Ek vertrek môre.** [ɛk fertrək mɔrə.]
Nous partons demain.	**Ons vertrek môre.** [oŋs fertrək mɔrə.]

Bon voyage!	**Geniet die reis!** [χenit di ræjs!]
Enchanté de faire votre connaissance.	**Ek het dit geniet om jou te ontmoet.** [ɛk het dit χenit om jæʊ tə ontmut.]
Heureux /Heureuse/ d'avoir parlé avec vous.	**Dit was lekker om met jou te gesels.** [dit vas lɛkkər om met jæʊ tə χesɛls.]
Merci pour tout.	**Baie dankie vir alles.** [baje danki fir alles.]

Je me suis vraiment amusé /amusée/

Ek het dit geniet.
[ɛk het dit χenit.]

Nous nous sommes vraiment
amusés /amusées/

Ons het dit baie geniet.
[ɔŋs het dit baje χenit.]

C'était vraiment plaisant.

Dit was regtig oulik.
[dit vas reχtəχ æʊlik.]

Vous allez me manquer.

Ek gaan jou mis.
[ɛk χãn jæʊ mis.]

Vous allez nous manquer.

Ons gaan jou mis.
[ɔŋs χãn jæʊ mis.]

Bonne chance!

Sukses!
[suksɛs!]

Mes salutations à …

Stuur groete vir …
[stɪr χrutə fir …]

Une langue étrangère

Je ne comprends pas.	**Ek verstaan dit nie.** [ɛk ferstãn dit ni.]
Écrivez-le, s'il vous plaît.	**Skryf dit neer, asseblief.** [skrajf dit neər, asseblif.]
Parlez-vous …?	**Praat u …?** [prãt u …?]

Je parle un peu …	**Ek praat 'n bietjie …** [ɛk prãt ə biki …]
anglais	**Engels** [ɛŋəls]
turc	**Turks** [turks]
arabe	**Arabies** [arabis]
français	**Frans** [fraŋs]

allemand	**Duits** [dœits]
italien	**Italiaans** [italiãŋs]
espagnol	**Spaans** [spãŋs]
portugais	**Portugees** [portuχeəs]
chinois	**Sjinees** [ʃineəs]
japonais	**Japannees** [japanneəs]

Pouvez-vous le répéter, s'il vous plaît.	**Kan u dit herhaal asseblief** [kan u dit herhãl asseblif]
Je comprends.	**Ek verstaan dit.** [ɛk ferstãn dit.]
Je ne comprends pas.	**Ek verstaan dit nie.** [ɛk ferstãn dit ni.]
Parlez plus lentement, s'il vous plaît.	**Praat bietjie stadiger asseblief.** [prãt biki stadiχər asseblif.]

Est-ce que c'est correct?	**Is dit reg?** [is dit reχ?]
Qu'est-ce que c'est?	**Wat is dit?** [vat is dit?]

Les excuses

Excusez-moi, s'il vous plaît.	**Verskoon my, asseblief.** [ferskoən maj, asseblif.]
Je suis désolé /désolée/	**Jammer.** [jammər.]
Je suis vraiment /désolée/	**Ek is baie jammer.** [ɛk is baje jammər.]
Désolé /Désolée/, c'est ma faute.	**Jammer, dis my skuld.** [jammər, dis maj skult.]
Au temps pour moi.	**My skuld.** [maj skult.]

Puis-je ... ?	**Mag ek ...?** [maχ ek ...?]
Ça vous dérange si je ...?	**Sal u omgee as ek ...?** [sal u omχeə as ek ...?]
Ce n'est pas grave.	**Dis OK.** [dis okej.]
Ça va.	**Maak nie saak nie.** [māk ni sāk ni.]
Ne vous inquiétez pas.	**Moet jou nie daaroor bekommer nie.** [mut jæʊ ni dāroər bekommər ni.]

Les accords

Oui	**Ja.** [ja.]
Oui, bien sûr.	**Ja, beslis.** [ja, beslis.]
Bien.	**OK. Goed!** [okej. χut!]
Très bien.	**Uitstekend.** [œitstekent]
Bien sûr!	**Definitief!** [definitif!]
Je suis d'accord.	**Ek stem saam.** [ɛk stem sãm.]
C'est correct.	**Dis reg.** [dis reχ.]
C'est exact.	**Dis reg.** [dis reχ.]
Vous avez raison.	**U is reg.** [u is reχ.]
Je ne suis pas contre.	**Ek gee nie om nie.** [ɛk χeə ni om ni.]
Tout à fait correct.	**Heeltemal reg.** [heəltemal reχ.]
C'est possible.	**Dis moontlik.** [dis moentlik.]
C'est une bonne idée.	**Dis 'n goeie idee.** [dis ə χuje ideə.]
Je ne peux pas dire non.	**Ek kan nie nee sê nie.** [ɛk kan ni neə sɛ: ni.]
J'en serai ravi /ravie/	**Dis 'n plesier.** [dis ə plesir.]
Avec plaisir.	**Plesier.** [plesir.]

Refus, exprimer le doute

Non	**Nee** [neə]
Absolument pas.	**Beslis nie.** [beslis ni.]
Je ne suis pas d'accord.	**Ek stem nie saam nie.** [ɛk stem ni sãm ni.]
Je ne le crois pas.	**Ek glo dit nie.** [ɛk χlo dit ni.]
Ce n'est pas vrai.	**Dis nie waar nie.** [dis ni vãr ni.]
Vous avez tort.	**U maak 'n fout.** [u mãk ə fæʊt.]
Je pense que vous avez tort.	**Ek dink u is verkeerd.** [ɛk dink u is ferkeərt.]
Je ne suis pas sûr /sûre/	**Ek is nie seker nie.** [ɛk is ni sekər ni.]
C'est impossible.	**Dis onmoontlik.** [dis onmoentlik.]
Pas du tout!	**Glad nie!** [χlat ni!]
Au contraire!	**Net die teenoorgestelde!** [net di teənoərχestɛlde!]
Je suis contre.	**Ek is daarteen.** [ɛk is dãrteən.]
Ça m'est égal.	**Ek gee nie om nie.** [ɛk χeə ni om ni.]
Je n'ai aucune idée.	**Ek het nie 'n idee nie.** [ɛk het ni ə ideə ni.]
Je doute que cela soit ainsi.	**Ek betwyfel dit.** [ɛk betwajfəl dit.]
Désolé /Désolée/, je ne peux pas.	**Jammer, ek kan nie.** [jammər, ɛk kan ni.]
Désolé /Désolée/, je ne veux pas.	**Jammer, ek wil nie.** [jammər, ɛk vil ni.]
Merci, mais ça ne m'intéresse pas.	**Dankie, maar ek het dit nie nodig nie.** [danki, mãr ɛk het dit ni nodeχ ni.]
Il se fait tard.	**Dit word laat.** [dit vort lãt.]

Je dois me lever tôt.

Ek moet vroeg opstaan.
[ɛk mut fruχ opstɑ̃n.]

Je ne me sens pas bien.

Ek voel nie lekker nie.
[ɛk ful ni lɛkkər ni.]

Exprimer la gratitude

Merci.	**Baie dankie.** [baje danki.]
Merci beaucoup.	**Baie dankie.** [baje danki.]
Je l'apprécie beaucoup.	**Ek waardeer dit.** [ɛk vărdeər dit.]
Je vous suis très reconnaissant.	**Ek is u baie dankbaar.** [ɛk is u baje dankbăr.]
Nous vous sommes très reconnaissant.	**Ons is u baie dankbaar.** [ɔŋs is u baje dankbăr.]
Merci pour votre temps.	**Baie dankie vir u tyd.** [baje danki fir u tajt.]
Merci pour tout.	**Baie dankie vir alles.** [baje danki fir alles.]
Merci pour …	**Dankie vir …** [danki fir …]
votre aide	**u hulp** [u hulp]
les bons moments passés	**vir 'n lekker tydjie** [fir ə lɛkkər tajdʒi]
un repas merveilleux	**'n heerlike ete** [ə heərlikə etə]
cette agréable soirée	**'n aangename aand** [ə ānχənamə ānt]
cette merveilleuse journée	**'n oulike dag** [ə æʊlikə daχ]
une excursion extraordinaire	**'n wonderlike reis** [ə vondərlikə ræjs]
Il n'y a pas de quoi.	**Plesier.** [plesir.]
Vous êtes les bienvenus.	**Plesier.** [plesir.]
Mon plaisir.	**Enige tyd.** [ɛniχə tajt.]
J'ai été heureux /heureuse/ de vous aider.	**Plesier.** [plesir.]
Ça va. N'y pensez plus.	**Plesier.** [plesir.]
Ne vous inquiétez pas.	**Moet jou nie bekommer nie.** [mut jæʊ ni bekommər ni.]

Félicitations. Vœux de fête

Félicitations!	**Geluk!** [χeluk!]
Joyeux anniversaire!	**Geluk met jou verjaardag!** [χeluk met jæʋ ferjārdaχ!]
Joyeux Noël!	**Geseënde Kersfees!** [χeseɛndə kersfeɛs!]
Bonne Année!	**Gelukkige Nuwejaar!** [χelukkiχə nuvejār!]
Joyeuses Pâques!	**Geseënde Paasfees!** [χeseɛndə pāsfeɛs!]
Joyeux Hanoukka!	**Gelukkige Chanoeka!** [χelukkiχə χanuka!]
Je voudrais proposer un toast.	**Ek wil graag 'n heildronk instel.** [ɛk vil χrāχ ə hæjldronk instəl.]
Santé!	**Gesondheid!** [χesonthæjt!]
Buvons à ...!	**Laat ons drink op ...!** [lāt ɔŋs drink op ...!]
À notre succès!	**Op jou sukses!** [op jæʋ suksɛs!]
À votre succès!	**Op u sukses!** [op u suksɛs!]
Bonne chance!	**Sukses!** [suksɛs!]
Bonne journée!	**Geniet die dag!** [χenit di daχ!]
Passez de bonnes vacances !	**Geniet die vakansie!** [χenit di fakaŋsi!]
Bon voyage!	**Veilig ry!** [fæjləχ raj!]
Rétablissez-vous vite.	**Ek hoop u voel gou beter!** [ɛk hoəp u ful χæʋ betər!]

Socialiser

Pourquoi êtes-vous si triste?	**Hoekom lyk u so droewig?** [hukom lajk u so druvəχ?]
Souriez!	**Lag 'n bietjie! Wees vrolik!** [laχ ə biki! vees frolik!]
Êtes-vous libre ce soir?	**Is u vry vanaand?** [is u fraj fanãnt?]
Puis-je vous offrir un verre?	**Kan ek 'n drankie vir jou kry?** [kan ek ə dranki fir jæʊ kraj?]
Voulez-vous danser?	**Wil u dans?** [vil u daŋs?]
Et si on va au cinéma?	**Sal ons bioskoop toe gaan?** [sal ɔŋs bioskoəp tu χãn?]
Puis-je vous inviter ...	**Mag ek jou uitnooi na ...?** [maχ ek jæʊ œitnoj na ...?]
au restaurant	**'n restaurant** [ə restɔurant]
au cinéma	**die bioskoop** [di bioskoəp]
au théâtre	**die teater** [di teatər]
pour une promenade	**gaan stap** [χãn stap]
À quelle heure?	**Hoe laat?** [hu lãt?]
ce soir	**vanaand** [fanãnt]
à six heures	**om ses uur** [om ses ɪr]
à sept heures	**om sewe uur** [om sevə ɪr]
à huit heures	**om agt uur** [om aχt ɪr]
à neuf heures	**om nege uur** [om neχə ɪr]
Est-ce que vous aimez cet endroit?	**Geniet u dit hier?** [χenit u dit hir?]
Êtes-vous ici avec quelqu'un?	**Is u hier saam met iemand?** [is u hir sãm met imant?]
Je suis avec mon ami.	**Ek is met my vriend.** [ɛk is met maj frint.]

Je suis avec mes amis.
Ek is met my vriende.
[ɛk is met maj frində.]

Non, je suis seul /seule/
Nee, ek is alleen.
[neə, ek is alleən.]

As-tu un copain?
Het jy 'n kêrel?
[het jaj ə kærel?]

J'ai un copain.
Ek het 'n kêrel.
[ɛk het ə kærel.]

As-tu une copine?
Het jy 'n meisie?
[het jaj ə mæjsi?]

J'ai une copine.
Ek het 'n meisie.
[ɛk het ə mæjsi.]

Est-ce que je peux te revoir?
Kan ek jou weer sien?
[kan ek jæʊ veer sin?]

Est-ce que je peux t'appeler?
Kan ek jou bel?
[kan ek jæʊ bel?]

Appelle-moi.
Bel my.
[bel maj.]

Quel est ton numéro?
Wat is jou nommer?
[vat is jæʊ nommər?]

Tu me manques.
Ek mis jou.
[ɛk mis jæʊ.]

Vous avez un très beau nom.
U het 'n mooi naam.
[u het ə moj nãm.]

Je t'aime.
Ek hou van jou.
[ɛk hæʊ fan jæʊ.]

Veux-tu te marier avec moi?
Wil jy met my trou?
[vil jaj met maj træʊ?]

Vous plaisantez!
U maak grappies!
[u mãk χrappis!]

Je plaisante.
Ek maak net 'n grappie.
[ɛk mãk net ə χrappi.]

Êtes-vous sérieux /sérieuse/?
Bedoel u dit?
[bedul u dit?]

Je suis sérieux /sérieuse/
Ek is ernstig.
[ɛk is ernstəχ.]

Vraiment?!
Regtig waar?!
[reχtəχ vãr?!]

C'est incroyable!
Dis ongelooflik.
[dis onχeloəflik.]

Je ne vous crois pas.
Ek glo jou nie.
[ɛk χlo jæʊ ni.]

Je ne peux pas.
Ek kan nie.
[ɛk kan ni.]

Je ne sais pas.
Ek weet dit nie.
[ɛk veət dit ni.]

Je ne vous comprends pas
Ek verstaan u nie.
[ɛk ferstãn u ni.]

Laissez-moi! Allez-vous-en!

Loop asseblief.
[loəp asseblif.]

Laissez-moi tranquille!

Los my uit!
[los maj œit!]

Je ne le supporte pas.

Ek kan hom nie verdra nie.
[ɛk kan hom ni ferdra ni.]

Vous êtes dégoûtant!

U is walglik!
[u is valχlik!]

Je vais appeler la police!

Ek gaan die polisie bel!
[ɛk χān di polisi bel!]

Partager des impressions. Émotions

J'aime ça.	**Ek hou daarvan.** [ɛk hæʊ dãrfan.]
C'est gentil.	**Baie mooi.** [baje moj.]
C'est super!	**Dis oulik!** [dis æʊlik!]
C'est assez bien.	**Dis nie sleg nie.** [dis ni sleχ ni.]

Je n'aime pas ça.	**Ek hou nie daarvan nie.** [ɛk hæʊ ni dãrfan ni.]
Ce n'est pas bien.	**Dis nie goed nie.** [dis ni χut ni.]
C'est mauvais.	**Dis sleg.** [dis sleχ.]
Ce n'est pas bien du tout.	**Dis baie sleg.** [dis baje sleχ.]
C'est dégoûtant.	**Dis walglik.** [dis valχlik.]

Je suis content /contente/	**Ek is bly.** [ɛk is blaj.]
Je suis heureux /heureuse/	**Ek is tevrede.** [ɛk is tefrede.]
Je suis amoureux /amoureuse/	**Ek is verlief.** [ɛk is ferlif.]
Je suis calme.	**Ek is rustig.** [ɛk is rustəχ.]
Je m'ennuie.	**Ek verveel my.** [ɛk ferfeəl maj.]

Je suis fatigué /fatiguée/	**Ek is moeg.** [ɛk is muχ.]
Je suis triste.	**Ek is droewig.** [ɛk is druvəχ.]
J'ai peur.	**Ek is bang.** [ɛk is baŋ.]

Je suis fâché /fâchée/	**Ek is kwaad.** [ɛk is kwãt.]
Je suis inquiet /inquiète/	**Ek is bekommerd.** [ɛk is bekommert.]
Je suis nerveux /nerveuse/	**Ek is senuweeagtig.** [ɛk is senuveə aχtəχ.]

Je suis jaloux /jalouse/

Ek is jaloers.
[ɛk is jalurs.]

Je suis surpris /surprise/

Dit verbaas my.
[dit ferbãs maj.]

Je suis gêné /gênée/

Ek is verbouereerd.
[ɛk is ferbæureərt.]

Problèmes. Accidents

J'ai un problème.	**Ek het 'n probleem.** [ɛk het ə probleəm.]
Nous avons un problème.	**Ons het 'n probleem.** [ɔŋs het ə probleəm.]
Je suis perdu /perdue/	**Ek het verdwaal.** [ɛk het ferdwāl.]
J'ai manqué le dernier bus (train).	**Ek het die laaste bus (trein) gemis.** [ɛk het di lāstə bus (træjn) χemis.]
Je n'ai plus d'argent.	**My geld is op.** [maj χɛlt is op.]

J'ai perdu mon ...	**Ek het my ... verloor** [ɛk het maj ... ferloər]
On m'a volé mon ...	**Lemand het my ... gesteel.** [lemant het maj ... χesteəl.]
passeport	**paspoort** [paspoərt]
portefeuille	**beursie** [bøərsi]
papiers	**papiere** [papirə]
billet	**kaartjie** [kārki]

argent	**geld** [χɛlt]
sac à main	**handsak** [hand·sak]
appareil photo	**kamera** [kamera]
portable	**skootrekenaar** [skoət·rekənār]
ma tablette	**tablet** [tablet]
mobile	**selfoon** [sɛlfoən]

Au secours!	**Help!** [hɛlp!]
Qu'est-il arrivé?	**Wat's fout?** [vats fæʊt?]
un incendie	**brand** [brant]

des coups de feu	**daar word geskiet** [dãr vort χeskit]
un meurtre	**moord** [moərt]
une explosion	**ontploffing** [ontploffiŋ]
une bagarre	**geveg** [χefeχ]

Appelez la police!	**Bel die polisie!** [bel di polisi!]
Dépêchez-vous, s'il vous plaît!	**Maak gou asseblief!** [mãk χæʊ asseblif!]
Je cherche le commissariat de police.	**Ek soek die polisiekantoor.** [ɛk suk di polisi·kantoər.]
Il me faut faire un appel.	**Ek moet bel.** [ɛk mut bel.]
Puis-je utiliser votre téléphone?	**Mag ek u telefoon gebruik?** [maχ ek u telefoən χebrœik?]

J'ai été ...	**Ek is ...** [ɛk is ...]
agressé /agressée/	**aangeval** [ãnχefal]
volé /volée/	**beroof** [beroəf]
violée	**verkrag** [ferkraχ]
attaqué /attaquée/	**aangeval** [ãnχefal]

Est-ce que ça va?	**Gaan dit?** [χãn dit?]
Avez-vous vu qui c'était?	**Het u gesien wie dit was?** [het u χesin vi dit vas?]
Pourriez-vous reconnaître cette personne?	**Sou u die persoon kon herken?** [sæʊ u di persoən kon herken?]
Vous êtes sûr?	**Is u seker?** [is u seker?]

Calmez-vous, s'il vous plaît.	**Kom tot bedaring asseblief.** [kom tot bedariŋ asseblif.]
Calmez-vous!	**Rustig!** [rusteχ!]

Ne vous inquiétez pas.	**Moenie bekommerd wees nie!** [muni bekommert veəs ni!]
Tout ira bien.	**Alles sal reg kom.** [alles sal reχ kom.]
Ça va. Tout va bien.	**Alles is reg.** [alles is reχ.]

Venez ici, s'il vous plaît.	**Kom hier asseblief.** [kom hir asseblif.]
J'ai des questions à vous poser.	**Ek het 'n paar vrae vir u.** [ɛk het ə pãr fraə fir u.]
Attendez un moment, s'il vous plaît.	**Wag 'n bietjie, asseblief.** [vaχ ə biki, asseblif.]
Avez-vous une carte d'identité?	**Het u 'n identiteitskaart?** [het u ə identitæjts·kãrt?]
Merci. Vous pouvez partir maintenant.	**Dankie. U kan nou loop.** [danki. u kan næʊ loəp.]
Les mains derrière la tête!	**Hande agter jou kop!** [handə aχtər jæʊ kop!]
Vous êtes arrêté!	**U is onder arres!** [u is ondər arres!]

Problèmes de santé

Aidez-moi, s'il vous plaît.	**Help my, asseblief.** [hɛlp maj, asseblif.]
Je ne me sens pas bien.	**Ek voel nie lekker nie.** [ɛk ful ni lɛkkər ni.]
Mon mari ne se sent pas bien.	**My man voel nie lekker nie.** [maj man ful ni lɛkkər ni.]
Mon fils ...	**My seun ...** [maj søən ...]
Mon père ...	**My pa ...** [maj pa ...]
Ma femme ne se sent pas bien.	**My vrou voel nie lekker nie.** [maj fræʊ ful ni lɛkkər ni.]
Ma fille ...	**My dogter ...** [maj doχtər ...]
Ma mère ...	**My ma ...** [maj ma ...]
J'ai mal ...	**Ek het ...** [ɛk het ...]
à la tête	**koppyn** [koppajn]
à la gorge	**keelpyn** [keəl·pajn]
à l'estomac	**maagpyn** [mãχpajn]
aux dents	**tandpyn** [tand·pajn]
J'ai le vertige.	**Ek voel duiselig.** [ɛk ful dœiseleχ.]
Il a de la fièvre.	**Hy het koors.** [haj het koərs.]
Elle a de la fièvre.	**Sy het koors.** [saj het koərs.]
Je ne peux pas respirer.	**Ek kan nie goed asemhaal nie.** [ɛk kan ni χut asemhãl ni.]
J'ai du mal à respirer.	**Ek is kortasem.** [ɛk is kortasem.]
Je suis asthmatique.	**Ek is asmaties.** [ɛk is asmatis.]
Je suis diabétique.	**Ek is diabeet.** [ɛk is diabeət.]

Je ne peux pas dormir.	**Ek kan nie slaap nie.** [ɛk kan ni slāp ni.]
intoxication alimentaire	**voedselvergiftiging** [fudsəl·ferχiftəχiŋ]
Ça fait mal ici.	**Dis seer hier.** [dis seər hir.]
Aidez-moi!	**Help!** [hɛlp!]
Je suis ici!	**Ek is hier!** [ɛk is hir!]
Nous sommes ici!	**Ons is hier!** [ɔŋs is hir!]
Sortez-moi d'ici!	**Kom kry my!** [kom kraj maj!]
J'ai besoin d'un docteur.	**Ek het 'n dokter nodig.** [ɛk het ə doktər nodəχ.]
Je ne peux pas bouger!	**Ek kan nie beweeg nie.** [ɛk kan ni beveəχ ni.]
Je ne peux pas bouger mes jambes.	**Ek kan my bene nie beweeg nie.** [ɛk kan maj benə ni beveəχ ni.]
Je suis blessé /blessée/	**Ek het 'n wond.** [ɛk het ə vont.]
Est-ce que c'est sérieux?	**Is dit ernstig?** [is dit ernstəχ?]
Mes papiers sont dans ma poche.	**My dokumente is in my sak.** [maj dokumentə is in maj sak.]
Calmez-vous!	**Bedaar!** [bedār!]
Puis-je utiliser votre téléphone?	**Mag ek u telefoon gebruik?** [maχ ek u telefoən χebrœik?]
Appelez une ambulance!	**Bel 'n ambulans!** [bel ə ambulaŋs!]
C'est urgent!	**Dis dringend!** [dis driŋənd!]
C'est une urgence!	**Dis 'n noodgeval!** [dis ə noədχefal!]
Dépêchez-vous, s'il vous plaît!	**Maak gou asseblief!** [māk χæʊ asseblif!]
Appelez le docteur, s'il vous plaît.	**Kan u asseblief 'n dokter bel?** [kan u asseblif ə doktər bel?]
Où est l'hôpital?	**Waar is die hospitaal?** [vār is di hospitāl?]
Comment vous sentez-vous?	**Hoe voel u?** [hu ful u?]
Est-ce que ça va?	**Hoe gaan dit?** [hu χān dit?]
Qu'est-il arrivé?	**Wat het gebeur?** [vat het χebøər?]

Je me sens mieux maintenant.

Ek voel nou beter.
[ɛk ful næʊ betər.]

Ça va. Tout va bien.

Dis OK.
[dis okej.]

Ça va.

Dit gaan goed.
[dit χān χut.]

À la pharmacie

pharmacie	**apteek** [apteǝk]
pharmacie 24 heures	**24 uur apteek** [fir-en-twintǝχ ɪr apteǝk]
Où se trouve la pharmacie la plus proche?	**Waar is die naaste apteek?** [vãr is di nãstǝ apteǝk?]
Est-elle ouverte en ce moment?	**Is hy nou oop?** [is haj næʊ oǝp?]
À quelle heure ouvre-t-elle?	**Hoe laat gaan hy oop?** [hu lãt χãn haj oǝp?]
à quelle heure ferme-t-elle?	**Hoe laat sluit hy?** [hu lãt slœit haj?]
C'est loin?	**Is dit ver?** [is dit fer?]
Est-ce que je peux y aller à pied?	**Kan ek soontoe stap?** [kan ek soentu stap?]
Pouvez-vous me le montrer sur la carte?	**Kan u dit op die stadskaart aanwys?** [kan u dit op di statskãrt ãnwajs?]
Pouvez-vous me donner quelque chose contre ...	**Gee my iets vir ... asseblief** [χeǝ maj its fir ... asseblif]
le mal de tête	**koppyn** [koppajn]
la toux	**hoes** [hus]
le rhume	**verkoudheid** [ferkæʊdhæjt]
la grippe	**griep** [χrip]
la fièvre	**koors** [koǝrs]
un mal d'estomac	**maagpyn** [mãχpajn]
la nausée	**naarheid** [nãrhæjt]
la diarrhée	**diarree** [diarreǝ]
la constipation	**konstipasie** [koŋstipasi]
un mal de dos	**rugpyn** [ruχpajn]

les douleurs de poitrine	**borspyn** [borspajn]
les points de côté	**steek in my sy** [steek in maj saj]
les douleurs abdominales	**pyn in my onderbuik** [pajn in maj onderbœik]

une pilule	**pil** [pil]
un onguent, une crème	**salf, room** [salf, roəm]
un sirop	**stroop** [stroəp]
un spray	**sproeier** [sprujer]
les gouttes	**druppels** [druppɛls]

Vous devez allez à l'hôpital.	**U moet hospitaal toe gaan.** [u mut hospitāl tu χān.]
assurance maladie	**siekteversekering** [sikte·fersekeriŋ]
prescription	**voorskrif** [foerskrif]
produit anti-insecte	**insekmiddel** [insek·middel]
bandages adhésifs	**kleefverband** [kleeffer·bant]

Les essentiels

Excusez-moi, ...	**Verskoon my, ...** [ferskoən maj, ...]
Bonjour	**Hallo.** [hallo.]
Merci	**Baie dankie.** [baje danki.]
Au revoir	**Totsiens.** [totsiŋs.]
Oui	**Ja.** [ja.]
Non	**Nee.** [neə.]
Je ne sais pas.	**Ek weet nie.** [ɛk veət ni.]
Où? | Où? | Quand?	**Waar? | Waarheen? | Wanneer?** [vãr? | vãrheən? | vanneər?]

J'ai besoin de ...	**Ek het ... nodig** [ɛk het ... nodeχ]
Je veux ...	**Ek wil ...** [ɛk vil ...]
Avez-vous ... ?	**Het u ...?** [het u ...?]
Est-ce qu'il y a ... ici?	**Is hier 'n ...?** [is hir ə ...?]
Puis-je ... ?	**Mag ek ...?** [maχ ek ...?]
s'il vous plaît (pour une demande)	**... asseblief** [... asseblif]

Je cherche ...	**Ek soek ...** [ɛk suk ...]
les toilettes	**toilet** [tojlet]
un distributeur	**OTM** [o·te·em]
une pharmacie	**apteek** [apteək]
l'hôpital	**hospitaal** [hospitãl]
le commissariat de police	**polisiekantoor** [polisi·kantoər]
une station de métro	**moltrein** [moltræjn]

un taxi	**taxi** [taksi]
la gare	**stasie** [stasi]

Je m'appelle ...	**My naam is ...** [maj nãm is ...]
Comment vous appelez-vous?	**Wat is u naam?** [vat is u nãm?]
Aidez-moi, s'il vous plaît.	**Kan u my help, asseblief?** [kan u maj help, asseblif?]
J'ai un problème.	**Ek het 'n probleem.** [ɛk het ə probleəm.]
Je ne me sens pas bien.	**Ek voel nie lekker nie.** [ɛk ful ni lɛkkər ni.]
Appelez une ambulance!	**Bel 'n ambulans!** [bel ə ambulaŋs!]
Puis-je faire un appel?	**Kan ek 'n oproep maak?** [kan ɛk ə oprup mãk?]

Excusez-moi.	**Jammer.** [jammər.]
Je vous en prie.	**Plesier.** [plesir.]

je, moi	**Ek, my** [ek, maj]
tu, toi	**jy** [jaj]
il	**hy** [haj]
elle	**sy** [saj]
ils	**hulle** [hullə]
elles	**hulle** [hullə]
nous	**ons** [ɔŋs]
vous	**julle** [jullə]
Vous	**u** [u]

ENTRÉE	**INGANG** [inχaŋ]
SORTIE	**UITGANG** [œitχaŋ]
HORS SERVICE | EN PANNE	**BUITE WERKING** [bœitə verkiŋ]
FERMÉ	**GESLUIT** [χeslœit]

OUVERT

OOP
[oəp]

POUR LES FEMMES

DAMES
[dames]

POUR LES HOMMES

MANS
[maŋs]

DICTIONNAIRE CONCIS

Cette section contient plus
de 1500 mots les plus utilisés.
Le dictionnaire inclut beaucoup
de termes gastronomiques
et peut être utile lorsque
vous faites le marché
ou commandez des plats
au restaurant

T&P Books Publishing

CONTENU DU DICTIONNAIRE

T&P Books Publishing

T&P Books Publishing

temps (m)	tyd	[tajt]
heure (f)	uur	[ɪr]
demi-heure (f)	n halfuur	[n halfɪr]
minute (f)	minuut	[minɪt]
seconde (f)	sekonde	[sekondə]
aujourd'hui (adv)	vandag	[fandaχ]
demain (adv)	môre	[mɔrə]
hier (adv)	gister	[χistər]
lundi (m)	Maandag	[mãndaχ]
mardi (m)	Dinsdag	[dinsdaχ]
mercredi (m)	Woensdag	[voɛŋsdaχ]
jeudi (m)	Donderdag	[dondərdaχ]
vendredi (m)	Vrydag	[frajdaχ]
samedi (m)	Saterdag	[satərdaχ]
dimanche (m)	Sondag	[sondaχ]
jour (m)	dag	[daχ]
jour (m) ouvrable	werksdag	[verks·daχ]
jour (m) férié	openbare vakansiedag	[openbarə fakaŋsi·daχ]
week-end (m)	naweek	[naveək]
semaine (f)	week	[veək]
la semaine dernière	laas week	[lãs veək]
la semaine prochaine	volgende week	[folχendə veək]
lever (m) du soleil	sonop	[son·op]
coucher (m) du soleil	sononder	[son·ondər]
le matin	soggens	[soχɛŋs]
dans l'après-midi	in die namiddag	[in di namiddaχ]
le soir	saans	[sãŋs]
ce soir	vanaand	[fanãnt]
la nuit	snags	[snaχs]
minuit (f)	middernag	[middərnaχ]
janvier (m)	Januarie	[januari]
février (m)	Februarie	[februari]
mars (m)	Maart	[mãrt]
avril (m)	April	[april]
mai (m)	Mei	[mæj]
juin (m)	Junie	[juni]
juillet (m)	Julie	[juli]
août (m)	Augustus	[ɔuχustus]

septembre (m)	September	[septembər]
octobre (m)	Oktober	[oktobər]
novembre (m)	November	[nofembər]
décembre (m)	Desember	[desembər]
au printemps	in die lente	[in di lentə]
en été	in die somer	[in di somər]
en automne	in die herfs	[in di herfs]
en hiver	in die winter	[in di vintər]
mois (m)	maand	[mānt]
saison (f)	seisoen	[sæjsun]
année (f)	jaar	[jār]
siècle (m)	eeu	[iʊ]

2. Nombres. Adjectifs numéraux

chiffre (m)	syfer	[sajfər]
nombre (m)	nommer	[nommər]
moins (m)	minusteken	[minus·tekən]
plus (m)	plusteken	[plus·tekən]
somme (f)	som, totaal	[som], [totāl]
premier (adj)	eerste	[eərstə]
deuxième (adj)	tweede	[tweedə]
troisième (adj)	derde	[derdə]
zéro	nul	[nul]
un	een	[eən]
deux	twee	[tweə]
trois	drie	[dri]
quatre	vier	[fir]
cinq	vyf	[fajf]
six	ses	[ses]
sept	sewe	[sevə]
huit	ag	[aχ]
neuf	nege	[neχə]
dix	tien	[tin]
onze	elf	[ɛlf]
douze	twaalf	[twālf]
treize	dertien	[dertin]
quatorze	veertien	[feərtin]
quinze	vyftien	[fajftin]
seize	sestien	[sestin]
dix-sept	sewetien	[sevətin]
dix-huit	agtien	[aχtin]
dix-neuf	negetien	[neχetin]

vingt	twintig	[twintəχ]
trente	dertig	[dertəχ]
quarante	veertig	[feərtəχ]
cinquante	vyftig	[fajftəχ]
soixante	sestig	[sestəχ]
soixante-dix	sewentig	[seventəχ]
quatre-vingts	tagtig	[taχtəχ]
quatre-vingt-dix	negentig	[neχentəχ]
cent	honderd	[hondərt]
deux cents	tweehonderd	[twee·hondərt]
trois cents	driehonderd	[dri·hondərt]
quatre cents	vierhonderd	[fir·hondərt]
cinq cents	vyfhonderd	[fajf·hondərt]
six cents	seshonderd	[ses·hondərt]
sept cents	sewehonderd	[seve·hondərt]
huit cents	aghonderd	[aχ·hondərt]
neuf cents	negehonderd	[neχe·hondərt]
mille	duisend	[dœisent]
dix mille	tienduisend	[tin·dœisent]
cent mille	honderdduisend	[hondərt·dajsent]
million (m)	miljoen	[miljun]
milliard (m)	miljard	[miljart]

3. L'être humain. La famille

homme (m)	man	[man]
jeune homme (m)	jongman	[joŋman]
adolescent (m)	tiener	[tinər]
femme (f)	vrou	[fræʊ]
jeune fille (f)	meisie	[mæjsi]
âge (m)	ouderdom	[æʊderdom]
adulte (m)	volwasse	[folwassə]
d'âge moyen (adj)	middeljarig	[middəl·jarəχ]
âgé (adj)	bejaard	[bejårt]
vieux (adj)	oud	[æʊt]
vieillard (m)	ou man	[æʊ man]
vieille femme (f)	ou vrou	[æʊ fræʊ]
retraite (f)	pensioen	[pɛnsiun]
prendre sa retraite	met pensioen gaan	[met pɛnsiun χån]
retraité (m)	pensioenaris	[pɛnsiunaris]
mère (f)	moeder	[mudər]
père (m)	vader	[fadər]
fils (m)	seun	[søən]
fille (f)	dogter	[doχtər]

frère (m)	broer	[brur]
frère (m) aîné	ouer broer	[æʋer brur]
frère (m) cadet	jonger broer	[joŋər brur]
sœur (f)	suster	[sustər]
sœur (f) aînée	ouer suster	[æʋer sustər]
sœur (f) cadette	jonger suster	[joŋər sustər]

parents (m pl)	ouers	[æʋers]
enfant (m, f)	kind	[kint]
enfants (pl)	kinders	[kindərs]
belle-mère (f)	stiefma	[stifma]
beau-père (m)	stiefpa	[stifpa]

grand-mère (f)	ouma	[æuma]
grand-père (m)	oupa	[æupa]
petit-fils (m)	kleinseun	[klæjn·søen]
petite-fille (f)	kleindogter	[klæjn·doχtər]
petits-enfants (pl)	kleinkinders	[klæjn·kindərs]

oncle (m)	oom	[oəm]
tante (f)	tante	[tantə]
neveu (m)	neef	[neəf]
nièce (f)	nig	[niχ]

femme (f)	vrou	[fræʋ]
mari (m)	man	[man]
marié (adj)	getroud	[χetræʋt]
mariée (adj)	getroud	[χetræʋt]
veuve (f)	weduwee	[veduveə]
veuf (m)	wedunaar	[vedunār]

prénom (m)	voornaam	[foərnām]
nom (m) de famille	van	[fan]

parent (m)	familielid	[famililit]
ami (m)	vriend	[frint]
amitié (f)	vriendskap	[frindskap]

partenaire (m)	maat	[māt]
supérieur (m)	baas	[bās]
collègue (m, f)	kollega	[kolleχa]
voisins (m pl)	bure	[burə]

4. Le corps humain. L'anatomie

organisme (m)	organisme	[orχanismə]
corps (m)	liggaam	[liχχām]
cœur (m)	hart	[hart]
sang (m)	bloed	[blut]
cerveau (m)	brein	[bræjn]

nerf (m)	senuwee	[senuveə]
os (m)	been	[beən]
squelette (f)	geraamte	[χerãmtə]
colonne (f) vertébrale	ruggraat	[ruχ·χrãt]
côte (f)	rib	[rip]
crâne (m)	skedel	[skedəl]
muscle (m)	spier	[spir]
poumons (m pl)	longe	[loŋə]
peau (f)	vel	[fəl]
tête (f)	kop	[kop]
visage (m)	gesig	[χesəχ]
nez (m)	neus	[nøəs]
front (m)	voorhoof	[foərhoəf]
joue (f)	wang	[vaŋ]
bouche (f)	mond	[mont]
langue (f)	tong	[toŋ]
dent (f)	tand	[tant]
lèvres (f pl)	lippe	[lippə]
menton (m)	ken	[ken]
oreille (f)	oor	[oər]
cou (m)	nek	[nek]
gorge (f)	keel	[keəl]
œil (m)	oog	[oəχ]
pupille (f)	pupil	[pupil]
sourcil (m)	wenkbrou	[vɛnk·bræʊ]
cil (m)	ooghaar	[oəχ·hãr]
cheveux (m pl)	haar	[hãr]
coiffure (f)	kapsel	[kapsəl]
moustache (f)	snor	[snor]
barbe (f)	baard	[bãrt]
porter (~ la barbe)	dra	[dra]
chauve (adj)	kaal	[kãl]
main (f)	hand	[hant]
bras (m)	arm	[arm]
doigt (m)	vinger	[fiŋər]
ongle (m)	nael	[naəl]
paume (f)	palm	[palm]
épaule (f)	skouer	[skæʊər]
jambe (f)	been	[beən]
pied (m)	voet	[fut]
genou (m)	knie	[kni]
talon (m)	hakskeen	[hak·skeən]
dos (m)	rug	[ruχ]
taille (f) (~ de guêpe)	middel	[middəl]

| grain (m) de beauté | moesie | [musi] |
| tache (f) de vin | moedervlek | [mudər·flek] |

5. Les maladies. Les médicaments

santé (f)	gesondheid	[χesonthæjt]
en bonne santé	gesond	[χesont]
maladie (f)	siekte	[siktə]
être malade	siek wees	[sik veəs]
malade (adj)	siek	[sik]

refroidissement (m)	verkoue	[ferkæʊə]
angine (f)	keelontsteking	[keəl·ontstekiŋ]
pneumonie (f)	longontsteking	[loŋ·ontstekiŋ]
grippe (f)	griep	[χrip]

rhume (m) (coryza)	loopneus	[loəpnøəs]
toux (f)	hoes	[hus]
tousser (vi)	hoes	[hus]
éternuer (vi)	nies	[nis]

insulte (f)	beroerte	[berurtə]
crise (f) cardiaque	hartaanval	[hart·ānfal]
allergie (f)	allergie	[allerχi]
asthme (m)	asma	[asma]
diabète (m)	suikersiekte	[sœikər·siktə]

tumeur (f)	tumor	[tumor]
cancer (m)	kanker	[kankər]
alcoolisme (m)	alkoholisme	[alkoholismə]
SIDA (m)	VIGS	[vigs]
fièvre (f)	koors	[koərs]
mal (m) de mer	seesiekte	[seə·siktə]

bleu (m)	blou kol	[blæʊ kol]
bosse (f)	knop	[knop]
boiter (vi)	hink	[hink]
foulure (f)	ontwrigting	[ontwriχtiŋ]
se démettre (l'épaule, etc.)	ontwrig	[ontwrəχ]

fracture (f)	breuk	[brøək]
brûlure (f)	brandwond	[brant·vont]
blessure (f)	besering	[beseriŋ]
douleur (f)	pyn	[pajn]
mal (m) de dents	tandpyn	[tand·pajn]

suer (vi)	sweet	[sweət]
sourd (adj)	doof	[doəf]
muet (adj)	stom	[stom]
immunité (f)	immuniteit	[immunitæjt]

virus (m)	virus	[firus]
microbe (m)	mikrobe	[mikrobə]
bactérie (f)	bakterie	[bakteri]
infection (f)	infeksie	[infeksi]
hôpital (m)	hospitaal	[hospitāl]
cure (f) (faire une ~)	genesing	[χenesiŋ]
vacciner (vt)	inent	[inɛnt]
réanimation (f)	intensiewe sorg	[intɛnsivə sorχ]
symptôme (m)	simptoom	[simptoəm]
pouls (m)	polsslag	[pols·slaχ]

6. Les sensations. Les émotions. La communication

je	ek, my	[ɛk], [maj]
tu	jy	[jaj]
il	hy	[haj]
elle	sy	[saj]
ça	dit	[dit]
nous	ons	[ɔŋs]
vous	julle	[jullə]
vous (form., sing.)	u	[u]
vous (form., pl)	u	[u]
ils, elles	hulle	[hullə]
Bonjour! (fam.)	Hallo!	[hallo!]
Bonjour! (form.)	Hallo!	[hallo!]
Bonjour! (le matin)	Goeie môre!	[χuje mɔrə!]
Bonjour! (après-midi)	Goeiemiddag!	[χuje·middaχ!]
Bonsoir!	Goeienaand!	[χuje·nānt!]
dire bonjour	dagsê	[daχsɛ:]
saluer (vt)	groet	[χrut]
Comment ça va?	Hoe gaan dit?	[hu χān dit?]
Comment allez-vous?	Hoe gaan dit?	[hu χān dit?]
Au revoir! (form.)	Totsiens!	[totsiŋs!]
Au revoir! (fam.)	Koebaai!	[kubāi!]
Merci!	Dankie!	[danki!]
sentiments (m pl)	gevoelens	[χefulɛŋs]
avoir faim	honger wees	[honər veəs]
avoir soif	dors wees	[dors veəs]
fatigué (adj)	moeg	[muχ]
s'inquiéter (vp)	bekommerd wees	[bekommərt veəs]
s'énerver (vp)	senuweeagtig wees	[senuveə·aχtəχ veəs]
espoir (m)	hoop	[hoəp]
espérer (vi)	hoop	[hoəp]
caractère (m)	karakter	[karaktər]

modeste (adj)	beskeie	[beskæje]
paresseux (adj)	lui	[lœi]
généreux (adj)	gulhartig	[χulhartəχ]
doué (adj)	talentvol	[talentfol]

honnête (adj)	eerlik	[eərlik]
sérieux (adj)	ernstig	[ɛrnstəχ]
timide (adj)	skaam	[skãm]
sincère (adj)	opregte	[opreχtə]
peureux (m)	laffaard	[laffãrt]

dormir (vi)	slaap	[slãp]
rêve (m)	droom	[droəm]
lit (m)	bed	[bet]
oreiller (m)	kussing	[kussiŋ]

insomnie (f)	slaaploosheid	[slãploəshæjt]
aller se coucher	gaan slaap	[χãn slãp]
cauchemar (m)	nagmerrie	[naχmerri]
réveil (m)	wekker	[vɛkkər]

sourire (m)	glimlag	[χlimlaχ]
sourire (vi)	glimlag	[χlimlaχ]
rire (vi)	lag	[laχ]

dispute (f)	rusie	[rusi]
insulte (f)	belediging	[beledəχiŋ]
offense (f)	gekrenktheid	[χekrɛnkthæjt]
fâché (adj)	kwaad	[kwãt]

7. Les vêtements. Les accessoires personnels

vêtement (m)	klere	[klerə]
manteau (m)	jas	[jas]
manteau (m) de fourrure	pelsjas	[pelʃas]
veste (f) (~ en cuir)	baadjie	[bãʤi]
imperméable (m)	reënjas	[reɛnjas]
chemise (f)	hemp	[hemp]
pantalon (m)	broek	[bruk]
veston (m)	baadjie	[bãʤi]
complet (m)	pak	[pak]

robe (f)	rok	[rok]
jupe (f)	romp	[romp]
tee-shirt (m)	T-hemp	[te-hemp]
peignoir (m) de bain	badjas	[batjas]
pyjama (m)	pajama	[pajama]
tenue (f) de travail	werksklere	[verks·klerə]
sous-vêtements (m pl)	onderklere	[ondərklerə]
chaussettes (f pl)	sokkies	[sokkis]

soutien-gorge (m)	**bra**	[bra]
collants (m pl)	**kousbroek**	[kæʊsbruk]
bas (m pl)	**kouse**	[kæʊsə]
maillot (m) de bain	**baaikostuum**	[bãj·kostɪm]
chapeau (m)	**hoed**	[hut]
chaussures (f pl)	**skoeisel**	[skuisəl]
bottes (f pl)	**laarse**	[lãrsə]
talon (m)	**hak**	[hak]
lacet (m)	**skoenveter**	[skun·fetər]
cirage (m)	**skoenpolitoer**	[skun·politur]
coton (m)	**katoen**	[katun]
laine (f)	**wol**	[vol]
fourrure (f)	**bont**	[bont]
gants (m pl)	**handskoene**	[handskunə]
moufles (f pl)	**duimhandskoene**	[dœim·handskunə]
écharpe (f)	**serp**	[serp]
lunettes (f pl)	**bril**	[bril]
parapluie (m)	**sambreel**	[sambreəl]
cravate (f)	**das**	[das]
mouchoir (m)	**sakdoek**	[sakduk]
peigne (m)	**kam**	[kam]
brosse (f) à cheveux	**haarborsel**	[hãr·borsəl]
boucle (f)	**gespe**	[χespə]
ceinture (f)	**belt**	[bɛlt]
sac (m) à main	**beursie**	[bøərsi]
col (m)	**kraag**	[krãχ]
poche (f)	**sak**	[sak]
manche (f)	**mou**	[mæʊ]
braguette (f)	**gulp**	[χulp]
fermeture (f) à glissière	**ritssluiter**	[rits·slœitər]
bouton (m)	**knoop**	[knoəp]
se salir (vp)	**vuil word**	[fœil vort]
tache (f)	**vlek**	[flek]

8. La ville. Les établissements publics

magasin (m)	**winkel**	[vinkəl]
centre (m) commercial	**winkelsentrum**	[vinkəl·sentrum]
supermarché (m)	**supermark**	[supermark]
magasin (m) de chaussures	**skoenwinkel**	[skun·vinkəl]
librairie (f)	**boekhandel**	[buk·handəl]
pharmacie (f)	**apteek**	[apteək]
boulangerie (f)	**bakkery**	[bakkeraj]

pâtisserie (f)	**banketbakkery**	[banket·bakkeraj]
épicerie (f)	**kruidenierswinkel**	[krœidenirs·vinkəl]
boucherie (f)	**slagter**	[slaχtər]
magasin (m) de légumes	**groentewinkel**	[χruntə·vinkəl]
marché (m)	**mark**	[mark]
salon (m) de coiffure	**haarsalon**	[hãr·salon]
poste (f)	**poskantoor**	[pos·kantoər]
pressing (m)	**droogskoonmakers**	[droəχ·skoən·makers]
cirque (m)	**sirkus**	[sirkus]
zoo (m)	**dieretuin**	[dirə·tœin]
théâtre (m)	**teater**	[teatər]
cinéma (m)	**bioskoop**	[bioskoəp]
musée (m)	**museum**	[musøəm]
bibliothèque (f)	**biblioteek**	[biblioteək]
mosquée (f)	**moskee**	[moskeə]
synagogue (f)	**sinagoge**	[sinaχoχə]
cathédrale (f)	**katedraal**	[katedrãl]
temple (m)	**tempel**	[tempəl]
église (f)	**kerk**	[kerk]
institut (m)	**kollege**	[kolledʒ]
université (f)	**universiteit**	[unifersitæjt]
école (f)	**skool**	[skoəl]
hôtel (m)	**hotel**	[hotəl]
banque (f)	**bank**	[bank]
ambassade (f)	**ambassade**	[ambassadə]
agence (f) de voyages	**reisagentskap**	[ræjs·aχentskap]
métro (m)	**metro**	[metro]
hôpital (m)	**hospitaal**	[hospitãl]
station-service (f)	**petrolstasie**	[petrol·stasi]
parking (m)	**parkeerterrein**	[parkeər·terræjn]
ENTRÉE	**INGANG**	[inχaŋ]
SORTIE	**UITGANG**	[œitχaŋ]
POUSSER	**STOOT**	[stoət]
TIRER	**TREK**	[trek]
OUVERT	**OOP**	[oəp]
FERMÉ	**GESLUIT**	[χeslœit]
monument (m)	**monument**	[monument]
forteresse (f)	**fort**	[fort]
palais (m)	**paleis**	[palæjs]
médiéval (adj)	**Middeleeus**	[middeliʋs]
ancien (adj)	**oud**	[æʋt]
national (adj)	**nasionaal**	[naʃionãl]
connu (adj)	**bekend**	[bekent]

9. L'argent. Les finances

argent (m)	geld	[χɛlt]
monnaie (f)	muntstuk	[muntstuk]
dollar (m)	dollar	[dollar]
euro (m)	euro	[øəro]
distributeur (m)	OTM	[o·te·em]
bureau (m) de change	wisselkantoor	[vissəl·kantoər]
cours (m) de change	wisselkoers	[vissəl·kurs]
espèces (f pl)	kontant	[kontant]
Combien?	Hoeveel?	[hufeəl?]
payer (régler)	betaal	[betãl]
paiement (m)	betaling	[betaliŋ]
monnaie (f) (rendre la ~)	wisselgeld	[vissəl·χɛlt]
prix (m)	prys	[prajs]
rabais (m)	afslag	[afslaχ]
bon marché (adj)	goedkoop	[χudkoəp]
cher (adj)	duur	[dɪr]
banque (f)	bank	[bank]
compte (m)	rekening	[rekəniŋ]
carte (f) de crédit	kredietkaart	[kredit·kãrt]
chèque (m)	tjek	[ʧek]
chéquier (m)	tjekboek	[ʧek·buk]
dette (f)	skuld	[skult]
débiteur (m)	skuldenaar	[skuldenãr]
prêter (vt)	uitleen	[œitleən]
emprunter (vt)	leen	[leən]
louer (une voiture, etc.)	verhuur	[ferhɪr]
à crédit (adv)	op krediet	[op kredit]
portefeuille (m)	beursie	[bøərsi]
coffre fort (m)	brandkas	[brant·kas]
héritage (m)	erfenis	[ɛrfenis]
fortune (f)	fortuin	[fortœin]
impôt (m)	belasting	[belastiŋ]
amende (f)	boete	[butə]
mettre une amende	beboet	[bebut]
en gros (adj)	groothandels-	[χroət·handəls-]
au détail (adj)	kleinhandels-	[klæjn·handəls-]
assurer (vt)	verseker	[fersekər]
assurance (f)	versekering	[fersekeriŋ]
capital (m)	kapitaal	[kapitãl]
chiffre (m) d'affaires	omset	[omset]
action (f)	aandeel	[ãndeəl]

| profit (m) | wins | [vins] |
| profitable (adj) | voordelig | [foərdeləχ] |

crise (f)	krisis	[krisis]
faillite (f)	bankrotskap	[bankrotskap]
faire faillite	bankrot speel	[bankrot speəl]

comptable (m)	boekhouer	[bukhæʊər]
salaire (m)	salaris	[salaris]
prime (f)	bonus	[bonus]

10. Les transports

autobus (m)	bus	[bus]
tramway (m)	trem	[trem]
trolleybus (m)	trembus	[trembus]

prendre ...	ry per ...	[raj pər ...]
monter (dans l'autobus)	inklim	[inklim]
descendre de ...	uitklim ...	[œitklim ...]

arrêt (m)	halte	[haltə]
terminus (m)	eindpunt	[æjnd·punt]
horaire (m)	diensrooster	[diŋs·roəstər]
ticket (m)	kaartjie	[kārki]
être en retard	laat wees	[lāt veəs]

taxi (m)	taxi	[taksi]
en taxi	per taxi	[pər taksi]
arrêt (m) de taxi	taxistaanplek	[taksi·stānplek]

trafic (m)	verkeer	[ferkeər]
heures (f pl) de pointe	spitsuur	[spits·ɪr]
se garer (vp)	parkeer	[parkeər]

métro (m)	metro	[metro]
station (f)	stasie	[stasi]
train (m)	trein	[træjn]
gare (f)	treinstasie	[træjn·stasi]
rails (m pl)	spoorstawe	[spoər·stavə]
compartiment (m)	kompartiment	[kompartiment]
couchette (f)	bed	[bet]

avion (m)	vliegtuig	[fliχtœiχ]
billet (m) d'avion	lugkaartjie	[luχ·kārki]
compagnie (f) aérienne	lugredery	[luχrederaj]
aéroport (m)	lughawe	[luχhavə]

| vol (m) (~ d'oiseau) | vlug | [fluχ] |
| bagage (m) | bagasie | [baχasi] |

chariot (m)	bagasiekarretjie	[baχasi·karrəki]
bateau (m)	skip	[skip]
bateau (m) de croisière	toerskip	[tur·skip]
yacht (m)	jag	[jaχ]
canot (m) à rames	roeiboot	[ruiboət]
capitaine (m)	kaptein	[kaptæjn]
cabine (f)	kajuit	[kajœit]
port (m)	hawe	[havə]
vélo (m)	fiets	[fits]
scooter (m)	bromponie	[bromponi]
moto (f)	motorfiets	[motorfits]
pédale (f)	pedaal	[pedāl]
pompe (f)	pomp	[pomp]
roue (f)	wiel	[vil]
automobile (f)	motor	[motor]
ambulance (f)	ambulans	[ambulaŋs]
camion (m)	vragmotor	[fraχ·motor]
d'occasion (adj)	gebruik	[χebrœik]
accident (m) de voiture	motorbotsing	[motor·botsiŋ]
réparation (f)	herstel	[herstəl]

11. Les produits alimentaires. Partie 1

viande (f)	vleis	[flæjs]
poulet (m)	hoender	[hundər]
canard (m)	eend	[eent]
du porc	varkvleis	[fark·flæjs]
du veau	kalfsvleis	[kalfs·flæjs]
du mouton	lamsvleis	[lams·flæjs]
du bœuf	beesvleis	[beəs·flæjs]
saucisson (m)	wors	[vors]
œuf (m)	eier	[æejer]
poisson (m)	vis	[fis]
fromage (m)	kaas	[kās]
sucre (m)	suiker	[sœikər]
sel (m)	sout	[sæut]
riz (m)	rys	[rajs]
pâtes (m pl)	pasta	[pasta]
beurre (m)	botter	[bottər]
huile (f) végétale	plantaardige olie	[plantārdiχə oli]
pain (m)	brood	[broət]
chocolat (m)	sjokolade	[ʃokoladə]
vin (m)	wyn	[vajn]
café (m)	koffie	[koffi]

lait (m)	melk	[melk]
jus (m)	sap	[sap]
bière (f)	bier	[bir]
thé (m)	tee	[teə]

tomate (f)	tamatie	[tamati]
concombre (m)	komkommer	[komkommər]
carotte (f)	wortel	[vortəl]
pomme (f) de terre	aartappel	[ārtappəl]
oignon (m)	ui	[œi]
ail (m)	knoffel	[knoffəl]

chou (m)	kool	[koəl]
betterave (f)	beet	[beət]
aubergine (f)	eiervrug	[æjərfruχ]
fenouil (m)	dille	[dillə]
laitue (f) (salade)	slaai	[slāi]
maïs (m)	mielie	[mili]

fruit (m)	vrugte	[fruχtə]
pomme (f)	appel	[appəl]
poire (f)	peer	[peər]
citron (m)	suurlemoen	[sɪr·lemun]
orange (f)	lemoen	[lemun]
fraise (f)	aarbei	[ārbæj]

prune (f)	pruim	[prœim]
framboise (f)	framboos	[framboəs]
ananas (m)	pynappel	[pajnappəl]
banane (f)	piesang	[pisaŋ]
pastèque (f)	waatlemoen	[vātlemun]
raisin (m)	druif	[drœif]
melon (m)	spanspek	[spaŋspek]

12. Les produits alimentaires. Partie 2

cuisine (f)	kookkuns	[koək·kuns]
recette (f)	resep	[resep]
nourriture (f)	kos	[kos]

prendre le petit déjeuner	ontbyt	[ontbajt]
déjeuner (vi)	gaan eet	[χān eət]
dîner (vi)	aandete gebruik	[āndetə χebrœik]

goût (m)	smaak	[smāk]
bon (savoureux)	smaaklik	[smāklik]
froid (adj)	koud	[kæʊt]
chaud (adj)	warm	[varm]
sucré (adj)	soet	[sut]
salé (adj)	sout	[sæʊt]

sandwich (m)	toebroodjie	[tubroədʒi]
garniture (f)	sygereg	[saj·χerəχ]
garniture (f)	vulsel	[fulsəl]
sauce (f)	sous	[sæus]
morceau (m)	stuk	[stuk]

régime (m)	dieet	[diət]
vitamine (f)	vitamien	[fitamin]
calorie (f)	kalorie	[kalori]
végétarien (m)	vegetariër	[feχetariɛr]

restaurant (m)	restaurant	[restɔurant]
salon (m) de café	koffiekroeg	[koffi·kruχ]
appétit (m)	aptyt	[aptajt]
Bon appétit!	Smaaklike ete!	[smãklikə etə!]

serveur (m)	kelner	[kɛlnər]
serveuse (f)	kelnerin	[kɛlnərin]
barman (m)	kroegman	[kruχman]
carte (f)	spyskaart	[spajs·kãrt]

cuillère (f)	lepel	[lepəl]
couteau (m)	mes	[mes]
fourchette (f)	vurk	[furk]
tasse (f)	koppie	[koppi]

assiette (f)	bord	[bort]
soucoupe (f)	piering	[piriŋ]
serviette (f)	servet	[serfət]
cure-dent (m)	tandestokkie	[tandə·stokki]

commander (vt)	bestel	[bestəl]
plat (m)	gereg	[χerəχ]
portion (f)	porsie	[porsi]
hors-d'œuvre (m)	voorgereg	[foərχerəχ]
salade (f)	slaai	[slãi]
soupe (f)	sop	[sop]

dessert (m)	nagereg	[naχerəχ]
confiture (f)	konfyt	[konfajt]
glace (f)	roomys	[roəm·ajs]
addition (f)	rekening	[rekəniŋ]
régler l'addition	die rekening betaal	[di rekeniŋ betãl]
pourboire (m)	fooitjie	[fojki]

13. La maison. L'appartement. Partie 1

maison (f)	huis	[hœis]
maison (f) de campagne	buitewoning	[bœitə·voniŋ]
villa (f)	landhuis	[land·hœis]

étage (m)	verdieping	[ferdipiŋ]
entrée (f)	ingang	[inχaŋ]
mur (m)	muur	[mɪr]
toit (m)	dak	[dak]
cheminée (f)	skoorsteen	[skoərsteən]
grenier (m)	solder	[soldər]
fenêtre (f)	venster	[fɛŋstər]
rebord (m)	vensterbank	[fɛŋstər·bank]
balcon (m)	balkon	[balkon]
escalier (m)	trap	[trap]
boîte (f) à lettres	posbus	[pos·bus]
poubelle (f) d'extérieur	vullisblik	[fullis·blik]
ascenseur (m)	hysbak	[hajsbak]
électricité (f)	krag, elektrisiteit	[kraχ], [elektrisitæjt]
ampoule (f)	gloeilamp	[χlui·lamp]
interrupteur (m)	skakelaar	[skakəlār]
prise (f)	muurprop	[mɪrprop]
fusible (m)	sekering	[sekəriŋ]
porte (f)	deur	[døər]
poignée (f)	deurknop	[døər·knop]
clé (f)	sleutel	[sløətəl]
paillasson (m)	deurmat	[døər·mat]
serrure (f)	deurslot	[døər·slot]
sonnette (f)	deurklokkie	[døər·klokki]
coups (m pl) à la porte	klop	[klop]
frapper (~ à la porte)	klop	[klop]
judas (m)	loergaatjie	[lurχāki]
cour (f)	werf	[verf]
jardin (m)	tuin	[tœin]
piscine (f)	swembad	[swem·bat]
salle (f) de gym	gim	[χim]
court (m) de tennis	tennisbaan	[tɛnnis·bān]
garage (m)	garage	[χaraʒə]
propriété (f) privée	privaat besit	[prifāt besit]
panneau d'avertissement	waarskuwingsbord	[vārskuviŋs·bort]
sécurité (f)	sekuriteit	[sekuritæjt]
agent (m) de sécurité	veiligheidswag	[fæjliχæjts·waχ]
rénovation (f)	opknapwerk	[opknap·werk]
faire la rénovation	opknap	[opknap]
remettre en ordre	aan kant maak	[ān kant māk]
peindre (des murs)	verf	[ferf]
papier (m) peint	muurpapier	[mɪr·papir]
vernir (vt)	vernis	[fernis]
tuyau (m)	pyp	[pajp]

outils (m pl)	gereedskap	[χereədskap]
sous-sol (m)	kelder	[kɛldər]
égouts (m pl)	riolering	[riolerin̩]

14. La maison. L'appartement. Partie 2

appartement (m)	woonstel	[voəŋstəl]
chambre (f)	kamer	[kamər]
chambre (f) à coucher	slaapkamer	[slāp·kamər]
salle (f) à manger	eetkamer	[eet·kamər]

salon (m)	sitkamer	[sit·kamər]
bureau (m)	studeerkamer	[studeər·kamər]
antichambre (f)	ingangsportaal	[inχaŋs·portāl]
salle (f) de bains	badkamer	[bad·kamər]
toilettes (f pl)	toilet	[tojlet]

| plancher (m) | vloer | [flur] |
| plafond (m) | plafon | [plafon] |

essuyer la poussière	afstof	[afstof]
aspirateur (m)	stofsuier	[stof·sœiər]
passer l'aspirateur	stofsuig	[stofsœiχ]

balai (m) à franges	mop	[mop]
torchon (m)	stoflap	[stoflap]
balayette (f) de sorgho	kort besem	[kort besem]
pelle (f) à ordures	skoppie	[skoppi]
meubles (m pl)	meubels	[møəbɛls]
table (f)	tafel	[tafel]
chaise (f)	stoel	[stul]
fauteuil (m)	gemakstoel	[χemak·stul]

bibliothèque (f) (meuble)	boekkas	[buk·kas]
rayon (m)	rak	[rak]
armoire (f)	klerekas	[klerə·kas]

miroir (m)	spieël	[spiɛl]
tapis (m)	mat	[mat]
cheminée (f)	vuurherd	[fɪr·hert]
rideaux (m pl)	gordyne	[χordajnə]
lampe (f) de table	tafellamp	[tafel·lamp]
lustre (m)	kroonlugter	[kroən·luχtər]

cuisine (f)	kombuis	[kombœis]
cuisinière (f) à gaz	gasstoof	[χas·stoəf]
cuisinière (f) électrique	elektriese stoof	[elektrisə stoəf]
four (m) micro-ondes	mikrogolfoond	[mikroχolf·oent]
réfrigérateur (m)	yskas	[ajs·kas]
congélateur (m)	vrieskas	[friskas]

lave-vaisselle (m)	skottelgoedwasser	[skottɛlχud·wassər]
robinet (m)	kraan	[krãn]
hachoir (m) à viande	vleismeul	[flæjs·møəl]
centrifugeuse (f)	versapper	[fersappər]
grille-pain (m)	broodrooster	[broəd·roəstər]
batteur (m)	menger	[meŋər]
machine (f) à café	koffiemasjien	[koffi·maʃin]
bouilloire (f)	fluitketel	[flœit·ketəl]
théière (f)	teepot	[teə·pot]
téléviseur (m)	TV-stel	[te·fe-stəl]
magnétoscope (m)	videomasjien	[video·maʃin]
fer (m) à repasser	strykyster	[strajk·ajstər]
téléphone (m)	telefoon	[telefoən]

15. Les occupations. Le statut social

directeur (m)	direkteur	[direktøər]
supérieur (m)	hoof	[hoəf]
président (m)	direkteur	[direktøər]
assistant (m)	assistent	[assistent]
secrétaire (m, f)	sekretaris	[sekretaris]
propriétaire (m)	eienaar	[æjenãr]
partenaire (m)	vennoot	[fɛnnoət]
actionnaire (m)	aandeelhouer	[ãndeəl·hæuər]
homme (m) d'affaires	sakeman	[sakəman]
millionnaire (m)	miljoenêr	[miljunær]
milliardaire (m)	miljardêr	[miljardær]
acteur (m)	akteur	[aktøər]
architecte (m)	argitek	[arχitek]
banquier (m)	bankier	[bankir]
courtier (m)	makelaar	[makəlãr]
vétérinaire (m)	veearts	[feə·arts]
médecin (m)	dokter	[doktər]
femme (f) de chambre	kamermeisie	[kamər·mæjsi]
designer (m)	ontwerper	[ontwerpər]
correspondant (m)	korrespondent	[korrespondɛnt]
livreur (m)	koerier	[kurir]
électricien (m)	elektrisiën	[ɛlektrisiɛn]
musicien (m)	musikant	[musikant]
baby-sitter (m, f)	babasitter	[babasittər]
coiffeur (m)	haarkapper	[hãr·kappər]
berger (m)	herder	[herdər]
chanteur (m)	sanger	[saŋər]

traducteur (m)	vertaler	[fertalər]
écrivain (m)	skrywer	[skrajvər]
charpentier (m)	timmerman	[timmerman]
cuisinier (m)	kok	[kok]

pompier (m)	brandweerman	[brantveer·man]
policier (m)	polisieman	[polisi·man]
facteur (m)	posbode	[pos·bodə]
programmeur (m)	programmeur	[proχrammøər]
vendeur (m)	verkoper	[ferkopər]

ouvrier (m)	werker	[verkər]
jardinier (m)	tuinman	[tœin·man]
plombier (m)	loodgieter	[loədχitər]
stomatologue (m)	tandarts	[tand·arts]
hôtesse (f) de l'air	lugwaardin	[luχ·wārdin]

danseur (m)	danser	[daŋsər]
garde (m) du corps	lyfwag	[lajf·waχ]
savant (m)	wetenskaplike	[vetɛŋskaplikə]
professeur (m)	onderwyser	[ondərwajsər]

fermier (m)	boer	[bur]
chirurgien (m)	chirurg	[ʃirurχ]
mineur (m)	mynwerker	[majn·werkər]
cuisinier (m) en chef	sjef	[ʃef]
chauffeur (m)	bestuurder	[bestɪrdər]

16. Le sport

type (m) de sport	sportsoorte	[sport·soərtə]
football (m)	sokker	[sokkər]
hockey (m)	hokkie	[hokki]
basket-ball (m)	basketbal	[basketbal]
base-ball (m)	bofbal	[bofbal]

volley-ball (m)	vlugbal	[fluχbal]
boxe (f)	boks	[boks]
lutte (f)	stoei	[stui]
tennis (m)	tennis	[tɛnnis]
natation (f)	swem	[swem]

échecs (m pl)	skaak	[skāk]
course (f)	hardloop	[hardloəp]
athlétisme (m)	atletiek	[atletik]
patinage (m) artistique	kunsskaats	[kuns·skāts]
cyclisme (m)	fiets	[fits]

| billard (m) | biljart | [biljart] |
| bodybuilding (m) | liggaamsbou | [liχχāmsbæʊ] |

golf (m)	gholf	[golf]
plongée (f)	duik	[dœik]
voile (f)	seil	[sæjl]
tir (m) à l'arc	boogskiet	[boəχ·skit]

mi-temps (f)	helfte	[hɛlftə]
mi-temps (f) (pause)	rustyd	[rustajt]
match (m) nul	gelykspel	[χelajkspəl]
faire match nul	gelykop speel	[χelajkop speəl]

tapis (m) roulant	trapmeul	[trapmøəl]
joueur (m)	speler	[speələr]
remplaçant (m)	plaasvervanger	[plās·ferfaŋər]
banc (m) des remplaçants	plaasvervangersbank	[plās·ferfaŋərs·bank]

match (m)	wedstryd	[vedstrajt]
but (m)	doel	[dul]
gardien (m) de but	doelwagter	[dul·waχtər]
but (m)	doelpunt	[dulpunt]

Jeux (m pl) olympiques	Olimpiese Spele	[olimpisə spelə]
finale (f)	finale	[finalə]
champion (m)	kampioen	[kampiun]
championnat (m)	kampioenskap	[kampiunskap]

gagnant (m)	oorwinnaar	[oərwinnār]
victoire (f)	oorwinning	[oərwinniŋ]
gagner (vi)	wen	[ven]
perdre (vi)	verloor	[ferloər]
médaille (f)	medalje	[medaljə]
première place (f)	eerste plek	[eərstə plek]
deuxième place (f)	tweede plek	[tweədə plek]
troisième place (f)	derde plek	[derdə plek]

stade (m)	stadion	[stadion]
supporteur (m)	ondersteuner	[ondərstøənər]
entraîneur (m)	breier	[bræjer]
entraînement (m)	oefen	[ufen]

17. Les langues étrangères. L'orthographe

langue (f)	taal	[tāl]
étudier (vt)	studeer	[studeər]
prononciation (f)	uitspraak	[œitsprāk]
accent (m)	aksent	[aksent]

nom (m)	selfstandige naamwoord	[sɛlfstandiχə nāmwoərt]
adjectif (m)	byvoeglike naamwoord	[bajfuχlikə nāmwoərt]
verbe (m)	werkwoord	[verk·woərt]
adverbe (m)	bijwoord	[bij·woərt]

pronom (m)	voornaamwoord	[foərnām·voərt]
interjection (f)	tussenwerpsel	[tussən·werpsəl]
préposition (f)	voorsetsel	[foərsetsəl]

racine (f)	stam	[stam]
terminaison (f)	agtervoegsel	[aχtər·fuχsəl]
préfixe (m)	voorvoegsel	[foər·fuχsəl]
syllabe (f)	lettergreep	[lɛttər·χreəp]
suffixe (m)	agtervoegsel, suffiks	[aχtər·fuχsəl], [suffiks]

accent (m) tonique	klemteken	[klem·tekən]
point (m)	punt	[punt]
virgule (f)	komma	[komma]
deux-points (m)	dubbelpunt	[dubbəl·punt]
points (m pl) de suspension	beletselteken	[beletsəl·tekən]

question (f)	vraag	[frāχ]
point (m) d'interrogation	vraagteken	[frāχ·tekən]
point (m) d'exclamation	uitroepteken	[œitrup·tekən]

entre guillemets	tussen aanhalingstekens	[tussən ānhaliŋs·tekəŋs]
entre parenthèses	tussen hakies	[tussən hakis]
lettre (f)	letter	[lɛttər]
majuscule (f)	hoofletter	[hoəf·lɛttər]

proposition (f)	sin	[sin]
groupe (m) de mots	woordgroep	[voərt·χrup]
expression (f)	uitdrukking	[œitdrukkiŋ]

sujet (m)	onderwerp	[ondərwerp]
prédicat (m)	predikaat	[predikāt]
ligne (f)	reël	[reɛl]
paragraphe (m)	paragraaf	[paraχrāf]

synonyme (m)	sinoniem	[sinonim]
antonyme (m)	antoniem	[antonim]
exception (f)	uitsondering	[œitsondəriŋ]
souligner (vt)	onderstreep	[ondərstreəp]

règles (f pl)	reëls	[reɛls]
grammaire (f)	grammatika	[χrammatika]
vocabulaire (m)	woordeskat	[voərdeskat]
phonétique (f)	fonetika	[fonetika]
alphabet (m)	alfabet	[alfabet]
manuel (m)	handboek	[hand·buk]

| dictionnaire (m) | woordeboek | [voərdə·buk] |
| guide (m) de conversation | taalgids | [tāl·χids] |

mot (m)	woord	[voərt]
sens (m)	betekenis	[betekənis]
mémoire (f)	geheue	[χəhøə]

18. La Terre. La géographie

Terre (f)	die Aarde	[di ārdə]
globe (m) terrestre	die aardbol	[di ārdbol]
planète (f)	planeet	[planeet]
géographie (f)	geografie	[χeoχrafi]
nature (f)	natuur	[natɪr]
carte (f)	kaart	[kārt]
atlas (m)	atlas	[atlas]
au nord	in die noorde	[in di noərdə]
au sud	in die suide	[in di sœidə]
à l'occident	in die weste	[in di vestə]
à l'orient	in die ooste	[in di oəstə]
mer (f)	see	[seə]
océan (m)	oseaan	[oseān]
golfe (m)	golf	[χolf]
détroit (m)	straat	[strāt]
continent (m)	kontinent	[kontinent]
île (f)	eiland	[æjlant]
presqu'île (f)	skiereiland	[skir·æjlant]
archipel (m)	argipel	[arχipəl]
port (m)	hawe	[havə]
récif (m) de corail	koraalrif	[korāl·rif]
littoral (m)	oewer	[uvər]
côte (f)	kus	[kus]
marée (f) haute	hoogwater	[hoəχ·vatər]
marée (f) basse	laagwater	[lāχ·vatər]
latitude (f)	breedtegraad	[breədtə·χrāt]
longitude (f)	lengtegraad	[leŋtə·χrāt]
parallèle (f)	parallel	[paralləl]
équateur (m)	ewenaar	[ɛvenār]
ciel (m)	hemel	[heməl]
horizon (m)	horison	[horison]
atmosphère (f)	atmosfeer	[atmosfeər]
montagne (f)	berg	[berχ]
sommet (m)	top	[top]
rocher (m)	krans	[kraŋs]
colline (f)	kop	[kop]
volcan (m)	vulkaan	[fulkān]
glacier (m)	gletser	[χletsər]
chute (f) d'eau	waterval	[vatər·fal]

plaine (f)	vlakte	[flaktə]
rivière (f), fleuve (m)	rivier	[rifir]
source (f)	bron	[bron]
rive (f)	oewer	[uvər]
en aval	stroomafwaarts	[stroəm·afvãrts]
en amont	stroomopwaarts	[stroəm·opvãrts]

lac (m)	meer	[meər]
barrage (m)	damwal	[dam·wal]
canal (m)	kanaal	[kanãl]
marais (m)	moeras	[muras]
glace (f)	ys	[ajs]

19. Les pays du monde. Partie 1

Europe (f)	Europa	[øəropa]
Union (f) européenne	Europese Unie	[øəropesə uni]
européen (m)	Europeaan	[øəropeãn]
européen (adj)	Europees	[øəropeəs]

Autriche (f)	Oostenryk	[oestenrajk]
Grande-Bretagne (f)	Groot-Brittanje	[χroət-brittanje]
Angleterre (f)	Engeland	[ɛŋəlant]
Belgique (f)	België	[belχiɛ]
Allemagne (f)	Duitsland	[dœitslant]

Pays-Bas (m)	Nederland	[nedərlant]
Hollande (f)	Holland	[hollant]
Grèce (f)	Griekeland	[χrikəlant]
Danemark (m)	Denemarke	[denemarkə]
Irlande (f)	Ierland	[irlant]

Islande (f)	Ysland	[ajslant]
Espagne (f)	Spanje	[spanje]
Italie (f)	Italië	[italiɛ]
Chypre (m)	Ciprus	[siprus]
Malte (f)	Malta	[malta]

Norvège (f)	Noorweë	[noərweɛ]
Portugal (m)	Portugal	[portuχal]
Finlande (f)	Finland	[finlant]
France (f)	Frankryk	[frankrajk]
Suède (f)	Swede	[swedə]

Suisse (f)	Switserland	[switsərlant]
Écosse (f)	Skotland	[skotlant]
Vatican (m)	Vatikaan	[fatikãn]
Liechtenstein (m)	Lichtenstein	[liχtɛŋstejn]
Luxembourg (m)	Luksemburg	[luksemburχ]
Monaco (m)	Monako	[monako]

Albanie (f)	Albanië	[albaniɛ]
Bulgarie (f)	Bulgarye	[bulχaraje]
Hongrie (f)	Hongarye	[honχaraje]
Lettonie (f)	Letland	[letlant]

Lituanie (f)	Litoue	[litæʊə]
Pologne (f)	Pole	[polə]
Roumanie (f)	Roemenië	[rumeniɛ]
Serbie (f)	Serwië	[serwiɛ]
Slovaquie (f)	Slowakye	[slovakaje]

Croatie (f)	Kroasië	[kroasiɛ]
République (f) Tchèque	Tjeggië	[tʃeχiɛ]
Estonie (f)	Estland	[ɛstlant]
Bosnie (f)	Bosnië & Herzegowina	[bosniɛ en hersegovina]
Macédoine (f)	Masedonië	[masedoniɛ]

Slovénie (f)	Slovenië	[slofeniɛ]
Monténégro (m)	Montenegro	[montənegro]
Biélorussie (f)	Belarus	[belarus]
Moldavie (f)	Moldawië	[moldaviɛ]
Russie (f)	Rusland	[ruslant]
Ukraine (f)	Oekraïne	[ukraïnə]

20. Les pays du monde. Partie 2

Asie (f)	Asië	[asiɛ]
Vietnam (m)	Viëtnam	[viɛtnam]
Inde (f)	Indië	[indiɛ]
Israël (m)	Israel	[israəl]
Chine (f)	Sjina	[ʃina]

Liban (m)	Libanon	[libanon]
Mongolie (f)	Mongolië	[monχoliɛ]
Malaisie (f)	Maleisië	[malæjsiɛ]
Pakistan (m)	Pakistan	[pakistan]
Arabie (f) Saoudite	Saoedi-Arabië	[saudi-arabiɛ]

Thaïlande (f)	Thailand	[tajlant]
Taïwan (m)	Taiwan	[tajvan]
Turquie (f)	Turkye	[turkaje]
Japon (m)	Japan	[japan]
Afghanistan (m)	Afghanistan	[afχanistan]

Bangladesh (m)	Bangladesj	[bangladeʃ]
Indonésie (f)	Indonesië	[indonesiɛ]
Jordanie (f)	Jordanië	[jordaniɛ]
Iraq (m)	Irak	[irak]
Iran (m)	Iran	[iran]
Cambodge (m)	Kambodja	[kambodja]

Koweït (m)	Kuwait	[kuvajt]
Laos (m)	Laos	[laos]
Myanmar (m)	Myanmar	[mjanmar]
Népal (m)	Nepal	[nepal]

Fédération (f) des Émirats Arabes Unis	Verenigde Arabiese Emirate	[fereniχdə arabisə emiratə]
Syrie (f)	Sirië	[siriɛ]
Palestine (f)	Palestina	[palestina]
Corée (f) du Sud	Suid-Korea	[sœid-korea]
Corée (f) du Nord	Noord-Korea	[noərd-korea]

Les États Unis	Verenigde State van Amerika	[fereniχdə statə fan amerika]
Canada (m)	Kanada	[kanada]
Mexique (m)	Meksiko	[meksiko]
Argentine (f)	Argentinië	[arχentiniɛ]
Brésil (m)	Brasilië	[brasiliɛ]

Colombie (f)	Colombia, Kolombië	[kolombia], [kolombiɛ]
Cuba (f)	Kuba	[kuba]
Chili (m)	Chili	[tʃili]
Venezuela (f)	Venezuela	[fenesuela]
Équateur (m)	Ecuador	[ɛkuador]

Bahamas (f pl)	die Bahamas	[di bahamas]
Panamá (m)	Panama	[panama]
Égypte (f)	Egipte	[ɛχiptə]
Maroc (m)	Marokko	[marokko]
Tunisie (f)	Tunisië	[tunisiɛ]

Kenya (m)	Kenia	[kenia]
Libye (f)	Libië	[libiɛ]
République (f) Sud-africaine	Suid-Afrika	[sœid-afrika]
Australie (f)	Australië	[ɔustraliɛ]
Nouvelle Zélande (f)	Nieu-Seeland	[niu-seəlant]

21. Le temps. Les catastrophes naturelles

temps (m)	weer	[veər]
météo (f)	weersvoorspelling	[veərs·foərspɛlliŋ]
température (f)	temperatuur	[temperatɪr]
thermomètre (m)	termometer	[termometər]
baromètre (m)	barometer	[barometər]

soleil (m)	son	[son]
briller (soleil)	skyn	[skajn]
ensoleillé (jour ~)	sonnig	[sonnəχ]
se lever (vp)	opkom	[opkom]

se coucher (vp)	ondergaan	[ondərχān]
pluie (f)	reën	[reɛn]
il pleut	dit reën	[dit reɛn]
pluie (f) torrentielle	stortbui	[stortbœi]
nuée (f)	reënwolk	[reɛn·wolk]
flaque (f)	poeletjie	[puləki]
se faire mouiller	nat word	[nat vort]
orage (m)	donderstorm	[dondər·storm]
éclair (m)	weerlig	[veərləχ]
éclater (foudre)	flits	[flits]
tonnerre (m)	donder	[dondər]
le tonnerre gronde	dit donder	[dit dondər]
grêle (f)	hael	[haəl]
il grêle	dit hael	[dit haəl]
chaleur (f) (canicule)	hitte	[hittə]
il fait très chaud	dis vrekwarm	[dis frekvarm]
il fait chaud	dit is warm	[dit is varm]
il fait froid	dis koud	[dis kæʊt]
brouillard (m)	mis	[mis]
brumeux (adj)	mistig	[mistəχ]
nuage (m)	wolk	[volk]
nuageux (adj)	bewolk	[bevolk]
humidité (f)	vogtigheid	[foχtiχæjt]
neige (f)	sneeu	[sniʊ]
il neige	dit sneeu	[dit sniʊ]
gel (m)	ryp	[rajp]
au-dessous de zéro	onder nul	[ondər nul]
givre (m)	ruigryp	[rœiχ·rajp]
intempéries (f pl)	slegte weer	[sleχtə veər]
catastrophe (f)	ramp	[ramp]
inondation (f)	oorstroming	[oərstromiŋ]
avalanche (f)	lawine	[lavinə]
tremblement (m) de terre	aardbewing	[ārd·beviŋ]
secousse (f)	aardskok	[ārd·skok]
épicentre (m)	episentrum	[ɛpisentrum]
éruption (f)	uitbarsting	[œitbarstiŋ]
lave (f)	lawa	[lava]
tornade (f)	tornado	[tornado]
tourbillon (m)	tornado	[tornado]
ouragan (m)	orkaan	[orkān]
tsunami (m)	tsunami	[tsunami]
cyclone (m)	sikloon	[sikloən]

22. Les animaux. Partie 1

animal (m)	dier	[dir]
prédateur (m)	roofdier	[roəf·dir]
tigre (m)	tier	[tir]
lion (m)	leeu	[liʊ]
loup (m)	wolf	[volf]
renard (m)	vos	[fos]
jaguar (m)	jaguar	[jaχuar]
lynx (m)	los	[los]
coyote (m)	prêriewolf	[præri·volf]
chacal (m)	jakkals	[jakkals]
hyène (f)	hiëna	[hiɛna]
écureuil (m)	eekhoring	[eəkhoriŋ]
hérisson (m)	krimpvarkie	[krimpfarki]
lapin (m)	konyn	[konajn]
raton (m)	wasbeer	[vasbeər]
hamster (m)	hamster	[hamstər]
taupe (f)	mol	[mol]
souris (f)	muis	[mœis]
rat (m)	rot	[rot]
chauve-souris (f)	vlermuis	[fler·mœis]
castor (m)	bewer	[bevər]
cheval (m)	perd	[pert]
cerf (m)	hert	[hert]
chameau (m)	kameel	[kameəl]
zèbre (m)	sebra, kwagga	[sebra], [kwaχχa]
baleine (f)	walvis	[valfis]
phoque (m)	seehond	[see·hont]
morse (m)	walrus	[valrus]
dauphin (m)	dolfyn	[dolfajn]
ours (m)	beer	[beər]
singe (m)	aap	[āp]
éléphant (m)	olifant	[olifant]
rhinocéros (m)	renoster	[renostər]
girafe (f)	kameelperd	[kameəl·pert]
hippopotame (m)	seekoei	[see·kui]
kangourou (m)	kangaroe	[kanχaru]
chat (m) (femelle)	kat	[kat]
chien (m)	hond	[hont]
vache (f)	koei	[kui]
taureau (m)	bul	[bul]

| brebis (f) | skaap | [skãp] |
| chèvre (f) | bok | [bok] |

âne (m)	donkie, esel	[donki], [eisəl]
cochon (m)	vark	[fark]
poule (f)	hoender, hen	[hundər], [hen]
coq (m)	haan	[hãn]

canard (m)	eend	[eent]
oie (f)	gans	[χaŋs]
dinde (f)	kalkoen	[kalkun]
berger (m)	herdershond	[herdərs·hont]

23. Les animaux. Partie 2

oiseau (m)	voël	[foɛl]
pigeon (m)	duif	[dœif]
moineau (m)	mossie	[mɔssi]
mésange (f)	mees	[meəs]
pie (f)	ekster	[ɛkstər]

aigle (m)	arend	[arɛnt]
épervier (m)	sperwer	[sperwər]
faucon (m)	valk	[falk]

cygne (m)	swaan	[swãn]
grue (f)	kraanvoël	[krãn·foɛl]
cigogne (f)	ooievaar	[ojefãr]
perroquet (m)	papegaai	[papəχãi]
paon (m)	pou	[pæʊ]
autruche (f)	volstruis	[folstrœis]

héron (m)	reier	[ræjer]
rossignol (m)	nagtegaal	[naχteχãl]
hirondelle (f)	swael	[swaəl]
pivert (m)	speg	[speχ]
coucou (m)	koekoek	[kukuk]
chouette (f)	uil	[œil]

pingouin (m)	pikkewyn	[pikkəvajn]
thon (m)	tuna	[tuna]
truite (f)	forel	[forəl]
anguille (f)	paling	[paliŋ]

requin (m)	haai	[hãi]
crabe (m)	krap	[krap]
méduse (f)	jellievis	[jelli·fis]
pieuvre (f), poulpe (m)	seekat	[seə·kat]
étoile (f) de mer	seester	[seə·stər]
oursin (m)	see-egel, seekastaiing	[seə·eχel], [seə·kastajiŋ]

| hippocampe (m) | seeperdjie | [see·perdʒi] |
| crevette (f) | garnaal | [χarnāl] |

serpent (m)	slang	[slaŋ]
vipère (f)	adder	[addər]
lézard (m)	akkedis	[akkedis]
iguane (m)	leguaan	[leχuān]
caméléon (m)	verkleurmannetjie	[ferkløər·manneki]
scorpion (m)	skerpioen	[skerpiun]

tortue (f)	skilpad	[skilpat]
grenouille (f)	padda	[padda]
crocodile (m)	krokodil	[krokodil]
insecte (m)	insek	[insek]
papillon (m)	skoenlapper	[skunlappər]
fourmi (f)	mier	[mir]
mouche (f)	vlieg	[fliχ]

moustique (m)	muskiet	[muskit]
scarabée (m)	kewer	[kevər]
abeille (f)	by	[baj]
araignée (f)	spinnekop	[spinnə·kop]
coccinelle (f)	lieweheersbesie	[liveheers·besi]

24. La flore. Les arbres

arbre (m)	boom	[boəm]
bouleau (m)	berk	[berk]
chêne (m)	eik	[æjk]
tilleul (m)	lindeboom	[lində·boəm]
tremble (m)	trilpopulier	[trilpopulir]

érable (m)	esdoring	[ɛsdoriŋ]
épicéa (m)	spar	[spar]
pin (m)	denneboom	[dɛnnə·boəm]
cèdre (m)	seder	[sedər]

peuplier (m)	populier	[populir]
sorbier (m)	lysterbessie	[lajstərbɛssi]
hêtre (m)	beuk	[bøək]
orme (m)	olm	[olm]

frêne (m)	esboom	[ɛs·boəm]
marronnier (m)	kastaiing	[kastajiŋ]
palmier (m)	palm	[palm]
buisson (m)	struik	[strœik]

champignon (m)	paddastoel	[paddastul]
champignon (m) vénéneux	giftige paddastoel	[χiftiχə paddastul]
cèpe (m)	Eetbare boleet	[eətbarə boleət]

russule (f)	russula	[russula]
amanite (f) tue-mouches	vlieëswam	[fliɛ·swam]
oronge (f) verte	duiwelsbrood	[dœivɛls·broet]

fleur (f)	blom	[blom]
bouquet (m)	boeket	[buket]
rose (f)	roos	[roəs]
tulipe (f)	tulp	[tulp]
oeillet (m)	angelier	[anχəlir]

marguerite (f)	kamille	[kamillə]
cactus (m)	kaktus	[kaktus]
muguet (m)	dallelie	[dalleli]
perce-neige (f)	sneeuklokkie	[sniʊ·klokki]
nénuphar (m)	waterlelie	[vatər·leli]

serre (f) tropicale	broeikas	[bruikas]
gazon (m)	grasperk	[χras·perk]
parterre (m) de fleurs	blombed	[blom·bet]

plante (f)	plant	[plant]
herbe (f)	gras	[χras]
feuille (f)	blaar	[blãr]
pétale (m)	kroonblaar	[kroən·blãr]
tige (f)	stingel	[stiŋəl]
pousse (f)	saailing	[sãjliŋ]

céréales (f pl) (plantes)	graangewasse	[χrãn·χəwassə]
blé (m)	koring	[koriŋ]
seigle (m)	rog	[roχ]
avoine (f)	hawer	[havər]

millet (m)	gierst	[χirst]
orge (f)	gars	[χars]
maïs (m)	mielie	[mili]
riz (m)	rys	[rajs]

25. Les mots souvent utilisés

aide (f)	hulp	[hulp]
arrêt (m) (pause)	pouse	[pæʊsə]
balance (f)	balans	[balaŋs]
base (f)	basis	[basis]
catégorie (f)	kategorie	[kateχori]

choix (m)	keuse	[køəsə]
coïncidence (f)	toeval	[tufal]
comparaison (f)	vergelyking	[ferχəlajkiŋ]
début (m)	begin	[beχin]
degré (m) (~ de liberté)	graad	[χrãt]

développement (m)	ontwikkeling	[ontwikkeliŋ]
différence (f)	verskil	[ferskil]
effet (m)	effek	[ɛffek]
effort (m)	inspanning	[inspanniŋ]

élément (m)	element	[ɛlement]
exemple (m)	voorbeeld	[foərbeəlt]
fait (m)	feit	[fæjt]
faute, erreur (f)	fout	[fæʊt]
forme (f)	vorm	[form]

idéal (m)	ideaal	[ideãl]
mode (m) (méthode)	manier	[manir]
moment (m)	moment	[moment]
obstacle (m)	hinderpaal	[hindərpãl]
part (f)	deel	[deəl]

pause (f)	pouse	[pæʊsə]
position (f)	posisie	[posisi]
problème (m)	probleem	[probleəm]
processus (m)	proses	[proses]
progrès (m)	vooruitgang	[foərœitχaŋ]
propriété (f) (qualité)	eienskap	[æjeŋskap]
réaction (f)	reaksie	[reaksi]
risque (m)	risiko	[risiko]
secret (m)	geheim	[χəhæjm]
série (f)	reeks	[reəks]

situation (f)	toestand	[tustant]
solution (f)	oplossing	[oplossiŋ]
standard (adj)	standaard	[standãrt]
style (m)	styl	[stajl]
système (m)	sisteem	[sisteəm]

tableau (m) (grille)	tabel	[tabəl]
tempo (m)	tempo	[tempo]
terme (m)	term	[term]
tour (m) (attends ton ~)	beurt	[bøərt]
type (m) (~ de sport)	soort	[soərt]

urgent (adj)	dringend	[driŋən]
utilité (f)	nut	[nut]
vérité (f)	waarheid	[vãrhæjt]
version (f)	variant	[fariant]
zone (f)	sone	[sonə]

26. Les adjectifs. Partie 1

| aigre (fruits ~s) | suur | [sɪr] |
| amer (adj) | bitter | [bittər] |

ancien (adj)	antiek	[antik]
artificiel (adj)	kunsmatig	[kunsmatəχ]
aveugle (adj)	blind	[blint]
bas (voix ~se)	sag	[saχ]
beau (homme)	pragtig	[praχtəχ]
bien affilé (adj)	skerp	[skerp]
bon (savoureux)	smaaklik	[smāklik]
bronzé (adj)	bruingebrand	[brœiŋəbrant]
central (adj)	sentraal	[sentrāl]
clandestin (adj)	agterbaks	[aχtərbaks]
compatible (adj)	verenigbaar	[fereniχbār]
content (adj)	tevrede	[tefredə]
continu (usage ~)	langdurig	[laŋdurəχ]
court (de taille)	kort	[kort]
cru (non cuit)	rou	[ræʊ]
dangereux (adj)	gevaarlik	[χefārlik]
d'enfant (adj)	kinder-	[kindər-]
dense (brouillard ~)	dig	[diχ]
dernier (final)	laaste	[lāstə]
difficile (décision)	moeilik	[muilik]
d'occasion (adj)	gebruik	[χebrœik]
douce (l'eau ~)	vars	[fars]
droit (pas courbe)	reg	[reχ]
droit (situé à droite)	regter	[reχtər]
dur (pas mou)	hard	[hart]
étroit (passage, etc.)	smal	[smal]
excellent (adj)	uitstekend	[œitstekent]
excessif (adj)	oormatig	[oərmatəχ]
extérieur (adj)	buite-	[bœite-]
facile (adj)	maklik	[maklik]
fertile (le sol ~)	vrugbaar	[fruχbār]
fort (homme ~)	sterk	[sterk]
fort (voix ~e)	hard	[hart]
fragile (vaisselle, etc.)	breekbaar	[breəkbār]
gauche (adj)	linker-	[linkər-]
géant (adj)	kolossaal	[kolossāl]
grand (dimension)	groot	[χroət]
gratuit (adj)	gratis	[χratis]
heureux (adj)	gelukkig	[χelukkəχ]
immobile (adj)	doodstil	[doədstil]
important (adj)	belangrik	[belaŋrik]
intelligent (adj)	slim	[slim]
intérieur (adj)	binne-	[binne-]
légal (adj)	wetlik	[vetlik]

léger (pas lourd)	lig	[liχ]
liquide (adj)	vloeibaar	[fluibār]
lisse (adj)	glad	[χlat]
long (~ chemin)	lang	[laŋ]

27. Les adjectifs. Partie 2

malade (adj)	siek	[sik]
mat (couleur)	mat	[mat]
mauvais (adj)	sleg	[sleχ]
mort (adj)	dood	[doət]
mou (souple)	sag	[saχ]

mûr (fruit ~)	ryp	[rajp]
mystérieux (adj)	raaiselagtig	[rājselaχtəχ]
natal (ville, pays)	geboorte-	[χeboərtə-]
négatif (adj)	negatief	[neχatif]
neuf (adj)	nuut	[nɪt]
normal (adj)	normaal	[normāl]

obligatoire (adj)	verplig	[ferpləχ]
opposé (adj)	teenoorgestel	[teənoərχestəl]
ordinaire (adj)	gewoon	[χevoən]
original (peu commun)	oorspronklik	[oərspronklik]
ouvert (adj)	oop	[oəp]

parfait (adj)	uitstekend	[œitstekent]
pas clair (adj)	onduidelik	[ondœidelik]
pas difficile (adj)	nie moeilik nie	[ni muilik ni]
passé (le mois ~)	laas-	[lās-]
pauvre (adj)	arm	[arm]

personnel (adj)	persoonlik	[persoənlik]
petit (adj)	klein	[klæjn]
peu profond (adj)	vlak	[flak]
plein (rempli)	vol	[fol]
poli (adj)	beleefd	[beleəft]
possible (adj)	moontlik	[moentlik]

précis, exact (adj)	juis	[jœis]
principal (adj)	hoof-	[hoəf-]
principal (idée ~e)	vernaamste	[fernāmstə]
probable (adj)	waarskynlik	[vārskajnlik]
propre (chemise ~)	skoon	[skoən]
public (adj)	openbaar	[openbār]

rapide (adj)	vinnig	[finnəχ]
rare (adj)	seldsaam	[sɛldsām]
risqué (adj)	riskant	[riskant]
sale (pas propre)	vuil	[fœil]

similaire (adj)	eenders	[eənders]
solide (bâtiment, etc.)	stewig	[stevəχ]
spacieux (adj)	ruim	[rœim]
spécial (adj)	spesiaal	[spesiāl]
stupide (adj)	dom	[dom]
sucré (adj)	soet	[sut]
suivant (vol ~)	volgend	[folχent]

supplémentaire (adj)	addisioneel	[addiʃioneəl]
surgelé (produits ~s)	gevries	[χefris]
triste (regard ~)	droewig	[druvəχ]
vide (bouteille, etc.)	leeg	[leəχ]
vieux (bâtiment, etc.)	ou	[æʊ]

28. Les verbes les plus utilisés. Partie 1

accuser (vt)	beskuldig	[beskuldəχ]
acheter (vt)	koop	[koəp]
aider (vt)	help	[hɛlp]
aimer (qn)	liefhê	[lifhɛ:]
aller (à pied)	gaan	[χān]
allumer (vt)	aanskakel	[ānskakəl]

annoncer (vt)	aankondig	[ānkondəχ]
annuler (vt)	kanselleer	[kaŋsɛlleər]
appartenir à ...	behoort aan ...	[behoərt ān ...]
attendre (vt)	wag	[vaχ]
attraper (vt)	vang	[faŋ]
autoriser (vt)	toelaat	[tulāt]

avoir (vt)	hê	[hɛ:]
avoir confiance	vertrou	[fertræʊ]
avoir peur	bang wees	[baŋ veəs]
battre (frapper)	slaan	[slān]

boire (vt)	drink	[drink]
cacher (vt)	wegsteek	[veχsteək]
casser (briser)	breek	[breək]
cesser (vt)	ophou	[ophæʊ]
changer (vt)	verander	[ferandər]
chanter (vi)	fluit	[flœit]

chasser (animaux)	jag	[jaχ]
choisir (vt)	kies	[kis]
commencer (vt)	begin	[beχin]
comparer (vt)	vergelyk	[ferχəlajk]
comprendre (vt)	verstaan	[ferstān]
compter (dénombrer)	tel	[təl]
compter sur ...	reken op ...	[reken op ...]
confirmer (vt)	bevestig	[befestəχ]

connaître (qn)	ken	[ken]
construire (vt)	bou	[bæʊ]
copier (vt)	kopieer	[kopir]
courir (vi)	hardloop	[hardloəp]

coûter (vt)	kos	[kos]
créer (vt)	skep	[skep]
creuser (vt)	grawe	[χravə]
crier (vi)	skreeu	[skriʊ]
croire (en Dieu)	glo	[χlo]
danser (vi, vt)	dans	[daŋs]

décider (vt)	beslis	[beslis]
déjeuner (vi)	gaan eet	[χān eət]
demander (~ l'heure)	vra	[fra]
dépendre de …	afhang van …	[afhaŋ fan …]
déranger (vt)	steur	[støər]
dîner (vi)	aandete gebruik	[āndetə χebrœik]

dire (vt)	sê	[sɛ:]
discuter (vt)	bespreek	[bespreək]
disparaître (vi)	verdwyn	[ferdwajn]
divorcer (vi)	skei	[skæj]
donner (vt)	gee	[χeə]
douter (vt)	twyfel	[twajfəl]

29. Les verbes les plus utilisés. Partie 2

écrire (vt)	skryf	[skrajf]
entendre (bruit, etc.)	hoor	[hoər]
envoyer (vt)	stuur	[strr]
espérer (vi)	hoop	[hoəp]
essayer (de faire qch)	probeer	[probeər]

éteindre (vt)	afskakel	[afskakəl]
être absent	afwesig wees	[afwesəχ veəs]
être d'accord	saamstem	[sāmstem]
être fatigué	moeg word	[muχ vort]
être pressé	opskud	[opskut]

étudier (vt)	studeer	[studeər]
excuser (vt)	verskoon	[ferskoən]
exiger (vt)	eis	[æjs]
exister (vi)	bestaan	[bestān]
expliquer (vt)	verduidelik	[ferdœidəlik]

faire (vt)	doen	[dun]
faire le ménage	skoonmaak	[skoənmāk]
faire tomber	laat val	[lāt fal]
féliciter (vt)	gelukwens	[χelukwɛŋs]

fermer (vt)	sluit	[slœit]
finir (vt)	klaarmaak	[klārmāk]
garder (conserver)	bewaar	[bevār]
haïr (vt)	haat	[hāt]
insister (vi)	aandring	[āndriŋ]
insulter (vt)	beledig	[beledəχ]
interdire (vt)	verbied	[ferbit]

inviter (vt)	uitnooi	[œitnoj]
jouer (s'amuser)	speel	[speəl]
lire (vi, vt)	lees	[leəs]
louer (prendre en location)	huur	[hɪr]
manger (vi, vt)	eet	[eət]

manquer (l'école)	bank	[bank]
mépriser (vt)	minag	[minaχ]
montrer (vt)	wys	[vajs]
mourir (vi)	doodgaan	[doədχān]
nager (vi)	swem	[swem]

naître (vi)	gebore word	[χeborə vort]
nier (vt)	ontken	[ontken]
obéir (vt)	gehoorsaam	[χehoərsām]
oublier (vt)	vergeet	[ferχeət]
ouvrir (vt)	oopmaak	[oəpmāk]

30. Les verbes les plus utilisés. Partie 3

pardonner (vt)	vergewe	[ferχevə]
parler (vi, vt)	praat	[prāt]
parler avec …	praat met …	[prāt met …]
participer à …	deelneem	[deəlneəm]
payer (régler)	betaal	[betāl]
penser (vi, vt)	dink	[dink]

perdre (les clefs, etc.)	verloor	[ferloər]
plaire (être apprécié)	hou van	[hæʊ fan]
plaisanter (vi)	grappies maak	[χrappis māk]
pleurer (vi)	huil	[hœil]
plonger (vi)	duik	[dœik]
pouvoir (v aux)	kan	[kan]

pouvoir (v aux)	kan	[kan]
prendre (vt)	vat	[fat]
prendre le petit déjeuner	ontbyt	[ontbajt]
préparer (le dîner)	kook	[koək]
prévoir (vt)	voorsien	[foərsin]
prier (~ Dieu)	bid	[bit]
promettre (vt)	beloof	[beloəf]
proposer (vt)	voorstel	[foərstəl]

prouver (vt)	**bewys**	[bevajs]
raconter (une histoire)	**vertel**	[fertəl]
recevoir (vt)	**ontvang**	[ontfaŋ]
regarder (vt)	**kyk na ...**	[kajk na ...]
remercier (vt)	**dank**	[dank]
répéter (dire encore)	**herhaal**	[herhāl]
répondre (vi, vt)	**antwoord**	[antwoərt]
réserver (une chambre)	**bespreek**	[bəspreək]
rompre (relations)	**beëindig**	[bɛɛindəχ]
s'asseoir (vp)	**gaan sit**	[χān sit]
sauver (la vie à qn)	**red**	[ret]
savoir (qch)	**weet**	[veət]
se battre (vp)	**baklei**	[baklæj]
se dépêcher	**haastig wees**	[hāstəχ veəs]
se plaindre (vp)	**kla**	[kla]
se rencontrer (vp)	**ontmoet**	[ontmut]
sécher (vt)	**droog**	[droəχ]
s'excuser (vp)	**verskoning vra**	[ferskoniŋ fra]
signer (vt)	**teken**	[tekən]
sourire (vi)	**glimlag**	[χlimlaχ]
supprimer (vt)	**uitvee**	[œitfeə]
tirer (vi)	**skiet**	[skit]
tomber (vi)	**val**	[fal]
tourner (~ à gauche)	**draai**	[drāi]
traduire (vt)	**vertaal**	[fertāl]
travailler (vi)	**werk**	[verk]
tromper (vt)	**bedrieg**	[bedrəχ]
trouver (vt)	**vind**	[fint]
tuer (vt)	**doodmaak**	[doədmāk]
vendre (vt)	**verkoop**	[ferkoəp]
venir (vi)	**aankom**	[ānkom]
vérifier (vt)	**nagaan**	[naχān]
voir (vt)	**sien**	[sin]
voler (avion, oiseau)	**vlieg**	[fliχ]
voler (qch à qn)	**steel**	[steəl]
vouloir (vt)	**wil**	[vil]

www.ingramcontent.com/pod-product-compliance
Lightning Source LLC
Chambersburg PA
CBHW060029050426
42448CB00012B/2920